일본지역 강제동원 현장을 가다
아태전쟁을 기록하는 일본시민들과 함께

강제동원 & 평화총서 13
일본지역 강제동원 현장을 가다
아태전쟁을 기록하는 일본시민들과 함께

초판 1쇄 인쇄 2019년 4월 20일
초판 1쇄 발행 2019년 4월 30일

저 자 허광무
펴낸이 윤관백
펴낸곳 도서출판 선인

등 록 제5-77호(1998. 11. 4)
주 소 서울특별시 마포구 마포대로 4다길 4
전 화 02-718-6252
팩 스 02-718-6253
E-mail sunin72@chol.com

정 가 17,000원

ISBN 979-11-6068-260-1 94900
  978-89-5933-473-5 (세트)

■ 저자와의 협의에 의해 인지 생략.
■ 잘못된 책은 교환해 드립니다.

강제동원 & 평화총서 13

일본지역 강제동원 현장을 가다
아태전쟁을 기록하는 일본시민들과 함께

허광무

| 발간에 즈음하여 |

　한국과 일본은 매우 가까운 이웃입니다. 그렇다보니 닮은 점도 많고, 서로 관심 또한 큽니다. 한국에 여행온 일본인들을 보거나 일본에서 여행중인 한국인들을 보면, 서로 말만 하지 않으면 누가 일본인이고 한국인인지 구별할 수 없을 정도로 외형도 비슷합니다. 갓 태어난 아기의 엉덩이 위쪽에 파란 반점을 보셨나요? 일명 '몽고반점'이라고 하는 푸른 점이 있는데 일본 아기에서도 볼 수 있습니다. 어딘가에서 서로 피가 연결되고 있다는 의미는 아닌지요?
　그런데, 이렇게도 서로 영향을 주고받는 이웃이지만, 유독 역사이야기가 나오면 관자놀이에 핏대를 세우며 흥분해 합니다. 왜 그럴까요? 그렇습니다. 일본은 지난 20세기에 한국을 강제로 빼앗아 통치했던 적이 있습니다. 그로 말미암아 우리 민족이 받아야만 했던 정신적, 신체적, 물질적 고통은 이만저만한 것이 아니었습니다. 이점에 대해 과거 일본정부는 '사죄와 반성'을 표명해 왔습니다만, 우익성향 정치인들의 거듭되는 망언과 망동으로 '진정성'을 의심받고 있습니다. 그릇된 역사관을 가진 정치인들은 아시아 태평양전쟁 시기 일본군으로, 노무자로, 일본군'위안부'로 강제동원한 것도, 당시 조선민족은 일본국민으로서 그 의무를 다한 것이라며 책임 회피를 일삼고 있습니다.
　일본에는 자신이 소속된 지역에 밀착하여 여러 사회활동을 하는 단체나 개인이 많습니다. 역사에 대해서도 많은 사람들이 자기 고향과 일본에 대해 연구하며 대내외로 교류하고 있습니다. 그들은 올바른 미래를 만들기 위해

잘못된 과거의 일도 사실 그대로 남겨야 한다고 생각하며 진실을 밝히는 작업에 진지합니다. 일본사람에게는 설령 그것이 불편한 진실이거나 불명예스러운 일이라 하더라도 숨기지 말아야 같은 과오를 되풀이하지 않는다고 생각하는 것이지요. 그것이 진정 나를 위하고 남을 위하며 궁극적으로는 서로를 위하는 평화의 길이라고 생각하는 것입니다.

이 책에서 소개하는 모임은 바로 그런 생각을 갖고 열심히 활동하는 모임입니다. 주로 침략전쟁의 사실규명과 피해자 지원, 역사기록 남기기, 전적지 보존 등의 활동을 하고 있습니다. 물론 이 책에서 소개하는 모임이 전부는 아닙니다. 전체 중 극히 일부에 지나지 않습니다. 우선 글쓴이가 일본에서 직접 만나보고 한일 역사의 현장을 둘러보며 그 내용을 알게 된 지역을 소개한 것입니다.

제가 알고 있는 모임을 소개한 것이니 그 지역을 대표하는 모임은 아니겠구나 하고 생각할 수 있습니다. 그렇지 않습니다. 저는 당초 각 지역을 대표하는 모임을 찾아가 도움을 요청하여 현장을 안내받았기 때문입니다.

여기에 소개하는 지역 외의 지역에서 활동하는 연구자나 모임을 궁금해 할 수 있습니다. 그럴 경우에는 여기에 소개하는 모임에 문의하여 정보를 얻으면 됩니다. 이 모임들은 각자의 지역에서 독립적으로 역사연구를 하고 있지만, 다른 지역 모임과도 연결되어 있습니다. 기회가 된다면 저도 이 전국적인 네트워크를 통해 방문하지 못했던 지역을 답사하여 다음 편을 만들고 싶습니다. 그때까지는 당분간 현재의 모임에 신세를 져야 할 것 같습니다.

  이 글은 일본지역 강제동원 현장을 알리기 위해 기획되었습니다. 이 글을 읽는 독자들이 일본의 역사현장을 방문할 때 도움이 되고 일본사회의 내부를 엿보는데 보탬이 된다면 저의 소임은 다한 것이라고 생각합니다. 끝으로 일본 모임을 한국에 소개한다고 하자, 흔쾌히 허락하고 협조해 주신 일본의 여러분들께 감사의 말씀을 드립니다.

2019년 4월
마뉘꿀 고개에서

| 위치도 |

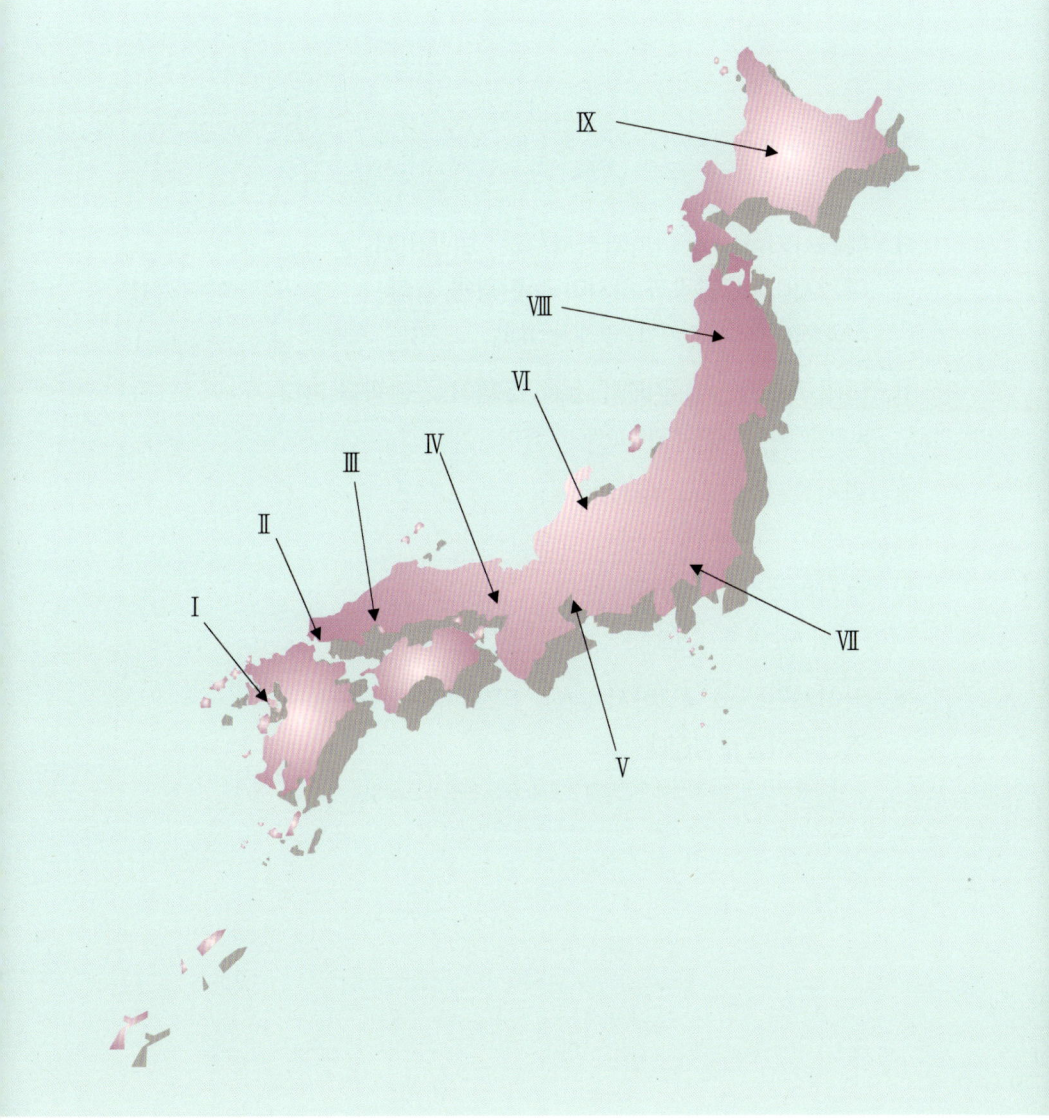

| 차 례 |

발간에 즈음하여 · · · · · · · · · · · · · · 4
위치도 · · · · · · · · · · · · · · · · · 7

Ⅰ. 나가사키현長崎縣 나가사키시長崎市, 미쓰비시三菱
다카시마高島 탄광과 하시마端島탄광을 가다 · · · · · · · · 11
　- 나가사키 재일조선인의 인권을 지키는 모임長崎在日朝鮮人の人権を守る会

Ⅱ. 야마구치현山口縣 우베시宇部市, 조세이長生탄광을 가다 · · · · 31
　- 조세이(長生)탄광의 물비상을 역사에 새기는 모임長生炭鉱の水非常を歴史に刻む会

Ⅲ. 원자폭탄의 도시 히로시마廣島 · · · · · · · · · · · · 49
　- 한국의 원폭피해자를 구원하는 시민회韓国の原爆被害者を救援する市民の会

Ⅳ. 오사카부大阪府 다카쓰키시高槻市 지하공장 · · · · · · · · 65
　- 다카쓰키'다·치·소'전적보존의 회高槻「タ・チ・ソ」戦跡保存の会

Ⅴ. 아이치현愛知縣 나고야시名古屋市, 미쓰비시三菱
조선여자근로정신대 · · · · · · · · · · · · · · · 83
　- 나고야 미쓰비시·조선여자근로정신대 소송을 지원하는 모임
　　名古屋三菱·朝鮮女子勤労挺身隊訴訟を支援する会

8 _ 일본지역 강제동원 현장을 가다

Ⅵ. 도야마현富山縣, 후지코시不二越 조선여자근로정신대를
   아시나요? · 101
   – 제2차 후지코시 강제연행·강제노동 소송을 지원하는 북륙연락회
     第二次不二越強制連行·強制労働訴訟を支援する北陸連絡会

Ⅶ. 구 제국帝國의 심장부를 가다, 가와사키시川崎市
   사쿠라모토櫻本 한인마을 · · · · · · · · · · · · · · 119
   –재일조선인운동사연구회, 고려박물관

Ⅷ. 아키타현秋田縣 오다테시大館市 하나오카花岡광산을 가다 · · · 137
   – 하나오카의 땅·일중 부재전 우호비를 지키는 모임花岡の地·日中不再戦友好碑をまもる会

Ⅸ. 엄동설한嚴冬雪寒의 땅 홋카이도北海道, 히가시카와초東川町
   유수지遊水池를 가다 · · · · · · · · · · · · · · · 157
   – 에오로시발전소·추베쓰강 유수지 조선인 강제연행·동원의 역사를 밝히는 모임
     江卸発電所·忠別川遊水池朝鮮人強制連行·動員の歴史を掘る会

갑작스럽게 하늘로 가신
사랑하는 아버님께 이 책을 바칩니다.

I

나가사키현 長崎縣 나가사키시 長崎市, 미쓰비시 三菱 다카시마 高島 탄광과 하시마 端島 탄광을 가다

나가사키 재일조선인의 인권을 지키는 모임
長崎在日朝鮮人の人権を守る会
https://www.okakinen.jp/

나가사키현(長崎縣) 나가사키시(長崎市)

나가사키의 민낯, 조선인 강제동원

나가사키시를 생각하면 가장 먼저 떠오르는 것은 원자폭탄이다. 그리고 한국인 관광객은 네덜란드 마을을 옮겨놓은 듯한 관광지 '하우스텐보스'를 연상하기도 한다. 짬뽕의 발상지답게 '나가사키 짬뽕'도 빼놓을 수 없겠다. 최근에는 섬의 모양이 군함을 닮았다고 하여 일명 '군함도'라고 불리는 '하시마端島'가 2015년에 유네스코 세계문화유산으로 지정됨으로써 나가사키시의 상징으로 등장하고 있다.

그런데, 이 지역이 아시아 태평양전쟁 당시 군수물자를 생산하고 군함을 건조하던 유수의 군수도시였다는 것을 아는 사람은 그다지 많지 않다. 하물며 그 군수회사에 조선인들이 강제로 동원되어 모진 노역에 시달렸다는 사실을 아는 사람은 더욱 드물다.

나가사키시에 강제동원된 조선인 노무자는 강제노역의 피해뿐만 아니라 원자폭탄에 피폭당하는 피해도 입었다. 조선인 노무자의 피해를 가늠하는 것은 곧 원자폭탄 피해자를 확인하는 작업과도 연결되는 만큼 중요하다. 그리하여 방문한 곳이 '오카 마사하루岡 正治 기념 나가사키 평화자료관'이었다. 이 문제에 대해 해박한 지식과 경험을 가진 전문가를 만나기 위해서다.

[사진 I -1] '오카 마사하루 기념 나가사키 평화자료관'의 전경

평화자료관은 '나가사키 재일조선인의 인권을 지키는 모임(이하, '인권모임'으로 약칭함)'의 사무국을 겸하고 있다. '인권모임'은 故 오카 마사하루 목사를 중심으로 연구자, 시민활동가들이 모여 나가사키시의 조선인 인권문제를 역사적으로 조사해 온 대표적인 단체이다. 나가사키시의 조선인문제를 시작하려면 '인권모임'이 발간한 『원폭과 조선인』시리즈를 반드시 읽을 필요가 있을 정도로 전문적이며 선구적이다.

'인권모임'의 대표 다카자네 야스노리高實康稔 나가사키대학 명예교수를 만나러 평화자료관을 찾았다. 평화자료관은 나가사키역 앞에 펼쳐진 작은 언덕 위에 위치하고 있다. 그런데 그 풍경이 한국 어디선가 본 듯 하기도 하여 전혀 낯설지가 않다. 마치 부산역 앞의 산등성이 초량동을 바라보는 듯한 느낌이다.

[사진 I-2] 시바타 도시아키 사무국장(좌측), 故 다카자네 야스노리 대표(우측)

[사진 I-3] 나가사키역 앞의 풍경. 강제동원된 조선인들이 나가사키에 발을 디뎠던 현장이다.

[사진 I -4] 나가사키역을 에워싼 산등성이의 마을.

처음으로 다카자네 대표와 시바타 도시아키柴田利明 사무국장을 만났을 때의 인상이 필자에게는 오래 남아 있다. 오래전부터 알고 지낸 것처럼 친숙하게 느껴졌기 때문이었을까, 아니면 낯선 이방인의 거침없는 질문과 요구에도 시종 미소를 잃지 않던 부드러운 인상 때문이었을까? 특히 다카자네 대표의 첫 만남이 선명하다. 흰머리에 턱수염, 트렌치코트가 너무나도 잘 어울리는 중년신사라는 인상이었다.

평화자료관의 전시물을 둘러보기가 무섭게 두 분 선생님은 강제동원 현장으로 발걸음을 재촉하였다. 방문지는 다카시마高島. 우리는 나가사키항 선착장에서 다카시마와 육지를 연결하는 연락선에 올랐다. 연락선이 선착장을 벗어나자 멀찌감치 보였던 거대한 선박이 바로 옆으로 다가왔다. 가까이서 보니 정박중의 배가 아니라 건조중의 선박이었다. 선박건조를 위해 무거운 철판을 들어올리는 거대한 골리앗 크레인 상단에 마름모꼴 세 개가 눈에 들어온다. 미쓰비시三菱마크다. 예전에 일본 3대 재벌기업 중 하나였던 미쓰비시중공업 나가사키조선소이다. 지금도 현역으로 활동하고 있다. 그런데 나가사키 내항을 벗어나자 이번에는 반대편으로 또 다른 미쓰비시 마크의 거대 골리앗 크레인이 눈에 들어왔다. 현재는 미쓰비시 소유가 되었지만, 전쟁 당시에는 가와나미川南豊作가 경영하던 가와나미 조선소 자리다.

[사진 I-5] 나가사키항에 위치한 미쓰비시 나가사키조선소.

가와나미조선소는 전쟁말기 전라남도 지역에서 조선인 노무자를 집중적으로 동원하였다. 당시 조선인은 '아이코쿠료愛國寮'와 '고코쿠료興國寮'의 두 시설에 배치되었는데, 이 중 '아이코쿠료'에 해당하는 명부가 발견되었다. 총 779명분의 것으로 대부분이 전남출신이며 평안남도 출신이 그 뒤를 잇고 있다. 명부에 수록된 사람 중에는 최근까지 살아 있던 사람도 있어서 한국정부가 진상파악을 위해 그들의 증언을 기록으로 남겨 놓았다.

[사진 I-6] 전쟁 당시 가와나미조선소로 불렸던 자리. 현재는 미쓰비시가 운영중.

이전 가와나미조선소를 곁눈으로 보며 연락선은 이오지마(伊王島)[1]에 당도하였다. 지금은 거대한 휴양지로 변해 있었는데, 전쟁시기 이곳도 조선인을 동원하여 석탄을 캐던 탄광지대였다.

---

1 이오지마는 같은 발음의 지명이 있어서 혼동되기 쉽다. 헐리우드의 유명 영화배우이자 감독인 클린트 이스트우드가 제작한 『이오지마에서 온 편지』(2007)의 배경인 이오지마(硫黄島)와 발음이 같기 때문이다. 그런데 영화의 이오지마는 도쿄도 오가사와라(小笠原)에 속하며, 위치로는 도쿄에서 남방으로 약 1,060km 떨어진 곳에 위치한다. 정식명칭은 이오지마가 아니라 이오토이다.

[사진Ⅰ-7] 이오지마의 선착장. 입구에 '오서오세요. 평온한 이오지마에'라는 글귀의 입간판이 눈에 들어온다.

[사진Ⅰ-8] 이오지마의 숙박시설 전경.

❖❖ 다카시마에 상륙하다

　연락선이 손님들을 하선시킨 후 다시 뱃머리를 돌려 최종목적지인 다카시마高島로 향했다. 연락선을 탈 때부터 하늘을 촘촘하게 메운 검은 구름과 거세게 불어오는 바닷바람이 심상치 않다고 느꼈는데, 그 불안감이 현실로 다가왔다. 이오지마를 출발한지 얼마 되지 않아 갑자기 연락선이 상하로 흔들린다. 외항으로 나오기가 무섭게 거센 파도가 연락선을 집어삼킬 듯이 달려들기 시작한 것이다. 이후에도 폭풍과 같은 불안정한 날씨는 다카시마를 방문하는 내내 변하지 않았다.

　다카시마는 섬 전체가 탄광지대로 이를 독점한 미쓰비시가 거대 자본을 축적한 곳이다. 물론 많은 재산을 축적하기 위해 탄광 노동력을 대량 투입한 것은 말할 나위 없는데, 낙반, 가스폭발의 위험과 곡괭이 한자루로 채탄을 해야 하는 중노동을 감당하지 못하고 이탈하는 자가 많았다. 그러자 노동자의 이탈을 방지하고 생산량을 안정적으로 확보하기 위해 노동자를 노예처럼 감금하고 혹사시킨 '나야納屋제도'라는 것으로도 유명하다. 과연 이곳이 미쓰비시를 일궈낸 일등공신이었음을 상징하듯 섬에 들어서자 미쓰비시의 설립자 이와사키 야타로岩崎弥太郎의 동상이 떡 하니 서있다.

[사진 I-9] 다카시마를 방문한 여행객들의 발이 되어주는 순환버스. 다카시마라는 영문표기가 선명하다.

[사진 I-10] 미쓰비시 재벌을 설립한 이와사키 야타로의 동상.

탄광조업이 중단된 다카시마에서는 더 이상 광부들의 모습이나 기계소리, 탄을 나르는 수송선의 모습은 찾아볼 수 없으나 당시를 회상하게 하는 시설들은 여전히 남아 있다. 하지만 현지를 잘 알고 있는 전문가의 설명이 없으면, 남아 있는 시설물도 낯선 방문자에게는 여느 곳의 시설물과 달리 보이지 않는다. 다카시마를 조망하기에 좋은 고지대로 안내하는 다카자네 대표와 시바타 사무국장을 따라 계단을 오르자 이전에 사람들이 살았던 것으로 보이는 목조건물들이 줄지어 있었다. 유곽이었다는 설명이 귓전에 들려왔다. 사람이 떠난 지 오래된 듯 건물의 훼손정도가 매우 심각해 보였다. 그렇지만 발걸음을 멈추고 조용히 귀를 기울이면 광부들의 시끌벅적 떠드는 소리와 주인장의 웃음소리가 당장이라도 새어나올 것 같은 느낌이 들었다.

건물을 지나 확 트인 공간으로 나오면서 아래쪽을 굽어보자 저 멀리 바닷가에 검푸른 물체가 보인다. 하시마端島탄광이다.

2015년에 유네스코가 지정한 세계문화유산으로 등록되어 있다. 그런데 하시마 전체가 세계문화유산으로 등재된 것이 아니라, 일본정부가 메이지근대문화유산이라고 신청한 방파제 밑둥만이 해당된다고 한다. 하시마탄광은 미쓰비시 소유로 다카시마탄광과 마찬가지로 많은 조선인들이 동원되었다.

[사진 I -11] 다카시마 정상부근에 위치한 유곽의 흔적. 현재 아무도 살고 있지 않은 듯 방치된 모습.

[사진 I-12] 다카시마(高島)의 정상부위에서 하시마(端島)를 내려다 본 풍경. 오른쪽이 하시마이고 왼쪽 작은 섬이 나카노 시마(中ノ島). 조선인 희생자를 나카노 시마에서 화장하였다고 한다.

[사진 I-13] 일명 '지옥섬', '군함섬'으로 불리던 하시마.

하시마탄광은 광부들의 채탄작업을 위하여 섬 전체를 콘크리트 방벽으로 보강하고 그 위에 고층 아파트를 건립하였는데, 그 모습이 마치 군함과도 같다고 하여 '군함도'라고도 불린다. 마침 다카시마에 있는 '석탄자료관'에서 그 모형을 관람할 수 있었다.

[사진Ⅰ-14] 하시마 탄광의 모형(석탄자료관 옥외전시장).

[사진Ⅰ-15] 하시마 탄광내에 들어선 고층 아파트의 모형. 바닷물이 들이닥치기 쉬운 저층에 조선인 숙소가 배정되었다.

다카시마도 그간 매립작업이 이어져 섬 면적이 넓어졌다. 그 바람에 이전에 외딴 섬이었던 것이 육지가 되어 버린 섬 속의 섬이 눈에 들어왔다. 두 개의 작은 섬인데, 쌍둥이처럼 되어 있다고 해서인지 '후타고 '탄광이다. 사진에서 보면 섬 저편 끝자락에 검게 보이는 작은 언덕이 눈에 들어온다. 과거에는 다카시마에 가까운 작은 섬 두 개였는데, 그 후 매립작업에 의해 다카시마에 육지로 편입되었다.

[사진 I-16] 사진 속 고층건물 너머로 보이는 두 개의 작은 언덕. 과거 '후타고(쌍둥이)'라고 불리던 탄광이 있었다.

[사진 I-17] '후타고'탄광이 매립사업으로 다카시마와 연결되는 과정을 설명한 패널.

다카시마의 정상부근에 도착하여 무성하게 자란 덤불을 헤치고 나가면 '공양탑'이라고 써진 추도비가 있다. 현장을 안내해 준 시바타 사무국장에 의하면, 평소에는 추도비를 돌보거나 방문하는 사람이 없어서 잡목들이 무성하여 '공양탑'을 찾기가 쉽지 않다고 한다. 필자가 강제동원 현장을 답사하고 싶다고 하자 시바타 사무국장이 미리 덤불들을 정리했다고 한다. '공양탑'은 다카시마 탄광에 강제동원되어 채탄작업을 하다 숨진 조선인 광부들의 유골을 봉안하여 세운 것인데, 그 후 상황에 대해 여러 의문이 제기되고 있다. 그 과정과 내용이 무엇인지, 한국정부차원에서의 정확한 진상규명과 함께 희생자의 유골을 국내로 모셔오는 일이 시급하다. 다카자네 대표와 시바타 사무국장이 다카시마를 찾는 한국인을 '공양탑'으로 안내하는 이유는 바로 그것 때문이다.

[사진 I -18] 조선인 광부 희생자의 유골을 안치했던 것으로 알려진 '공양탑'

이국의 낯선 땅에 묻힌 채 잊혀진 피해자들. 그 이름조차도 명확하지 않은 피해자들은 일제 식민지배로부터 70여 년이 지난 지금도 진정한 광복을 맞이하지 못하고 있다. 다카자네 대표와 시바타 국장님은 이 답답한 상황이 속히 해결되었으면 하는 바람을 전해 왔다.

지난 2015년이던가? MBC의 간판 예능방송이었던 '무한도전'팀이 이곳을 방문하여 한국에서 공수해 온 고깃국에 쌀밥을 재단에 놓고 추도한 적이 있다. 고향으로 모셔가지 못하는 현실이 야속하기만 하다.

[사진 I-19]조선인 희생자의 유골이 안치되어 있는 '긴쇼지(金松寺)'

[사진 I-20] 다카시마탄광에서 사망한 희생자들의 유골함

필자가 다카자네 대표에게 나가사키를 방문하는 한국인에게 '인권모임'를 소개하고 싶다고 하자, 흔쾌히 기획에 찬동하여 모임에 대한 설명문을 제일 먼저 건네주었다. 그러나 기획이 진행되지 못한 채 우왕좌왕하는 사이 속절없이 수 개월의 시간이 흘렀다. 그러던 2017년 4월, 다카자네 대표는 갑작스런 호흡곤란으로 세상을 떠났다. 선생님은 평소 전쟁없는 평화로운 세상을 만들기 위해 나가사키 원폭투하의 교훈 못지 않게 일본이 저지른 침략전쟁

의 역사를 후대에 남기는 일 또한 중요하다고 강조해 온 연구자이자 실천가이다. 뜻하지 않은 선생님의 부고에 한일 양국 연구자·활동가들의 슬픔이 컸다. 다시 한번 두손 모아 삼가 고인의 명복을 빌며 선생님이 전해 온 '나가사키 재일조선인의 인권을 지키는 모임'을 소개한다.

다카자네 야스노리(高實康稔) 대표의 한마디

문) '인권을 지키는 모임'에 참가하게 된 계기는?

1977년, 오무라입국자수용소(현 오무라입국관리센터) 장기수용이나 강제송환 실태를 문제시하여 '오무라수용소실태조사단'이 법조계 사람들을 중심으로 결성되었습니다. 조사단은 수용소를 방문하여 실태에 대한 구체적인 설명과 함께 개선을 요구했는데, 그 때 나가사키대학의 이와마쓰 시게토시 교수를 대신하여 참가한 것이 계기라고 할 수 있습니다. 왜냐하면 그 후 조사결과를 발표하는 집회가 나가사키 시내에서 열렸는데 '나가사키 재일조선인의 인권을 지키는 모임'의 대표 오카 마사하루 선생님이 참가하여 수용소의 문제점을 지적하며 동시에 인권을 지키는 모임의 활동을 소개하여 회원가입을 권하고 있었습니다. 그 때 조사단에 참가했던 나가사키대학의 오카무라 다쓰오 교수와 내가 회원가입을 하였습니다.

문) '인권을 지키는 모임'의 연혁은?

1965년에 창설했습니다. 당시 대표는 오카 마사하루(일본 복음레텔 나가사키교회 목사)이고, 회원수 30명 전후로 추정됩니다. 주된 활동은 창설 취지대로 재일조선인의 인권을 지키는 것이었고 그것은 같은 해 체결된 한일기본조약이 재일조선인의 인권을 침해하는 것이었기 때문이었습니다. 즉, 외국인등록법 상 국적이 아닌 '부호'로서 '조선적' 신분이 된 재일조선인은 협정영주권을 인정받는 한국적 사람들과 분리되었고, 한국적 사람들은 형법 적용에 의한 강제송환의 조건이 완화되었습니다. 실제로 한국과 국교가 회복되자 '조선적' 사람들이라 하더라도 한국으로 강제송환되는 사례가 발생하였습니다. 그리하여 양자를 분리하여 차별하는 행위를 철폐하도록 요구하고 동시에 강제송환의 중단을 요구하는 청구소송 지원에 전력을 기울였습니다.

그리고 연혁 중 빼놓을 수 없는 것이 '나가사키원폭 조선인희생자 추도비' 건립입니다. 추도비는 폭심지공원에 건립되어 1979년 8월 9일에 제막식을 가졌습니다. '인권을 지키는 모임' 오카 대표가 중심이 되어 건립실행위원회를 결성, 시민들의 모금으로 실현되었습니다. 추도비 뒷면에는 그동안 무시되어 왔다고 해도 과언이 아닌 조선인원폭피해자의 원혼을 달래고자 '강제연행 및 징용으로 중노동에 시달리다 피폭사한 조선인과 그 가족을 위하여'라고 기재하였습니다. 또한 『원폭과 조선인』의 표지 날개에 추도비 사진과 함께 "원폭으로 사망한 이름 없는 조선인을 위하여 이름 없는 일본인이 속죄의 마음을 담아"라고 매호 기재하고 있습니다.

'인권을 지키는 모임'은 변호사를 중심으로 전국적으로 확대되어 한 때는 거의 전 지역에 회원을 두었습니다. 나가사키의 경우, 오카 마사하루 대표와 이와마쓰 시게토시 씨를 필두로 조선인 피폭자의 역사적 배경을 중시하여 일본인 피폭자와의 차별을 철폐하는데 진력했다는 점에 특징이 있습니다.

문) 인권을 지키는 모임의 현재 활동은?

연간 활동에서 가장 중요한 것은 8월 9일 오전 7시 반에 거행되는 나가사키 원폭 조선인희생자 추도 조조집회입니다. 1979년부터 시작되어 2016년 현재 38회를 맞이하였습니다. 그간 참가자도 증가하여 최근에는 전국에서 약 200여명이 집결하는데 재일 한국·조선인은 물론이거니와 한국에서 오는 참가자도 매년 보입니다. 참고로 언론에서도 항상 사진과 함께 보도를 해 줍니다.

모임의 최대실적이라고 한다면 오카 마사하루 대표가 주도했던 『원폭과 조선인』 제1권~제6권(1982년~1994년)일 것입니다. 조선인피폭자에 대한 나가사키시 내 전역 실태조사를 비롯하여 그 배경이 된 강제연행의 실태를 나가사키현은 물론 사가현에 이르기까지 조사, 해명한 보고서입니다. 매월 정례 학습회도 중요했지만 지역을 정해서 매주 토요일과 일요일은 먼 지역까지 방문하여 증언청취 활동을 했습니다. 이는 회원들의 남다른 결기와 노력이 아니었다면 불가능했고 그

실적은 전국적으로 보아도 귀중한 기록이라고 할 것입니다.

오카 대표가 서거(1994년 7월)한 후에도 월 1회의 정례 학습회를 계속하고 추적조사도 수시로 실시하였으며 회보인 '인권 뉴스'도 매월 발행해 왔습니다. 그러다가 오카 대표의 유언이라고 할 수 있는 역사자료관 설립에 활동축을 옮겨 1995년 10월 1일 '오카 마사하루 기념 나가사키평화자료관'을 설립하게 되었습니다. 모두 '인권을 지키는 모임'의 공적입니다. '인권을 지키는 모임'이 "원폭자료관을 견학하는 것만으로는 청소년들이 역사를 오해할 것"이라는 오카 대표의 유지를 받들어서 건립했기 때문입니다. 벌써 설립 후 20주년도 넘었지만 2003년에는 특정 비영리활동법인이 되었습니다. '인권을 지키는 모임'은 유지운영에 지속적인 협력을 하고 있으며 특히 조선인·중국인 강제동원 현장에 수학여행단 등을 안내하는 필드워크는 호평을 받고 있습니다.

최근의 활동을 들자면 하시마(군함도) 상륙해제(2009년 4월)에 수반한 유네스코 세계유산 등재운동에 반대하지는 않지만, 조선인·중국인 강제동원·강제노동 등 부의 역사를 적시해야 함을 주장하고자 『군함도에 귀를 기울이면』을 사회평론사에서 출판(2011)한 것[2]과, 허광무 논문 『히로시마나가사키 조선인 원폭피해에 대한 진상조사 - 강제동원된 조선인노무자를 중심으로 - 』(2011)에 촉발되어 이전 조사에서 불충분했던 조사를 추가하여 『원폭과 조선인』 제7집(나가사키시 군수기업 조선인 강제동원 실태조사보고서)을 간행(2014)한 것입니다. 한편, 전자에 대해서는 하시마의 세계유산등재(2015년 7월)에 발맞춰 문제점을 지적한 증보개정판을 간행(2016)하였습니다.

문) 조선인 강제동원 현장에 관한 이후 계획은?

특별히 결정된 새로운 계획이나 방향은 없으나 유네스코 세계유산에 등록된 '메이지 일본의 산업혁명유산'(23개 시설) 중 7개 시설에 대해서는 등록 시 일본정부가 "그 의사에 반하여 데려와 엄혹한 환경 하에 사역당한 많은 한반도 출신자가 있었음을 이해할 수 있도록 조치를 강구하겠다"는 공약이 확실하게 시행되는

---

2 한글판은 『군함도에 귀를 기울이면 - 하시마에 강제 연행된 조선인과 중국인의 기록』, 도서출판 선인, 2017, 서울.

지 감시하고 부적절한 경우에는 공약을 실행하도록 여론을 환기시킬 방침입니다.

문) '역사'란 무엇인가?

'역사'란 인간 형성의 근본임과 동시에 실수를 반복하지 않는 현재와 미래를 완성하는 교훈이어야 한다고 생각합니다. 그러나 주지하는 바와 같이, 일본은 식민지 지배와 침략전쟁의 과오를 충분히 반성하고 있다고 할 수 없으며, 오히려 전후보상은 "한일 기본조약에 의해 완전하며 최종적으로 해결되었다"고 주장하고 있습니다. 이를 보면 역사를 교훈으로 삼기는커녕 "청일, 러일전쟁까지만 했다면 좋았을 걸"이라는 오만한 역사관이나 '메이지 영광론'이라는 허구'가 뿌리깊게 존재하고 있음을 보여주고 있습니다. 일반적으로 역사수정주의라고 불리는 것들인데, 일본군'위안부'문제도 강제동원문제도 여자근로정신대문제도 미해결인 채인 것은 이 역사수정주의에 의한 은폐, 왜곡에 근본적인 원인이 있습니다. 나는 독일을 방문하여 과거사 극복에 국가적으로 사회적으로 교육적으로 노력해 온 역사를 목도하면서, 우여곡절은 있을지언정 부러움을 금할 길이 없었습니다. 일본도 속히 독일에서 배워할 것임은 말할 필요도 없으며 일본국민으로서 세계시민으로서도 강하게 희망하는 바입니다.

문) 한국의 독자나 미래세대에 전할 말이 있다면?

첫째, 한국병합조약을 강요한 일본의 국가범죄를 용납해서는 안됩니다. 이와 같은 인식을 명확하게 갖기 위해서는 근대일본의 침략사상과 실천 경위를 잘 알아둘 필요가 있습니다. 더욱 중요한 것은 일본이 지금도 근대일본의 침략사상을 반성도 하지 않고 추궁도 하지 않는다는 현실을 깊이 인식하는 것입니다. '메이지 일본의 산업혁명유산'에는 요시다 쇼인吉田松陰의 쇼카손주쿠松下村塾도 포함되어 유네스코 세계문화유산에 등재되었는데, "취하기 쉬운 조선, 만주, 지나를 정복하여, 교역에서 러시아에게 잃은 것을 만주, 조선의 토지로 보충할 것"[3]이라고 설파한 쇼인의 장대한 침략사상을 허락하고 있다는 증거입니다. 또한 일본 만엔권 초상이 후쿠자와 유키치福沢諭吉인데 "조선은 아시아 중 일개 소 야만국으로서 문

---

3 『松陰全集』 제5권, 1855.

명은 일본에도 크게 못미처"⁴, "미개방이라면 이를 유도해야 할 것. 그 인민들이 완고하고 비천하다면 이를 설득하고 결국에는 무력을 행사하여 그 진보를 도와야"⁵라고 설파한 후쿠자와의 조선침략사상을 용인하고 있다는 증거라고 할 수 있습니다. 이것에 대해서는 일본내에서도 비판이 있지만, 비판을 공유하면서 한일 우호친선을 심화시키고 싶은 마음이 간절합니다. 이러한 나의 마음을 차세대의 젊은이들에게 전하고 싶습니다.

다카자네 야스노리(高實康稔) 프로필 : 1939년생, 야마구치현(山口縣) 출신. 규슈대학(九州大學)대학원 불어불문과 졸업. 나가사키(長崎)대학 명예교수. 프랑스정부 '학술공로 기사장'수상(2006), '나가사키 재일조선인의 인권을 지키는 회' 대표, '재외피폭자 지원연락회' 공동대표, 'NPO 법인 오카 마사하루 기념 나가사키 평화자료관' 이사장. 2017년 4월 별세.

'나가사키 재일조선인의 인권을 지키는 회' : 1965년에 결성, 나가사키 원폭조선인 희생자 추도 조조집회(매년 8월 9일 오전 7시) 개최, 『원폭과 조선인』시리즈 발간, 회원지 「人権ニュース」(인권뉴스) 발행.

---

4 『時事新報』, 1875.
5 『時事新報』, 1882.

II

야마구치현山口縣 우베시宇部市, 조세이長生탄광을 가다

조세이(長生)탄광의 물비상을 역사에 새기는 모임
長生炭鉱の水非常を歴史に刻む会
http://www.chouseitankou.com/

야마구치현(山口縣) 우베시(宇部市), 조세이(長生)탄광

❧❧ 조선탄광이라고 불린 해저탄광

　조세이(長生)탄광은 아시아태평양전쟁 시기 조선인 노동자를 대거 투입하여 번성했던 탄광으로 유명하다. 이로 인해 당시 인근에서는 조세이탄광을 '조선탄광'으로 부를 정도였다고 한다. 그 수는 천여 명을 훨씬 넘었다. 조세이탄광이 본격적으로 조선인 강제동원에 나선 것은 1939년의 일로 경상북도 군위군과 영덕군 출신의 건장한 남성이 대상이었다.

　필자가 현장의 모습을 눈으로 확인하기 위해 방문길에 나선 것은 2005년 4월의 일이었다. 그 후에도 여러 차례 현장을 방문하였지만, 첫 번째 방문은 현장의 상태가 대체로 어떠한지 살펴보기 위한 사전 답사의 의미가 강했다.

　필자가 조세이탄광이 위치했던 니시키와(西岐波) 해변가에 당도했을 때, 제일 먼저 눈에 띈 것이 바다 한가운데에 우뚝 솟은 굴뚝 두 개의 모습이었다[사진Ⅱ-2]. 아마도 사전지식 없이 이곳을 방문하는 사람이라면 저것이 도대체 무엇인지, 왜 바다 한가운데에 서 있는지, 의문에 의문이 꼬리를 물 것이다.

[사진Ⅱ-1] 조세이(長生)탄광이 있었던 자리의 전경. 멀리 왼편 바닷가에 검은 기둥 두 개가 해저탄광으로 이어진 곳에 설치된 '피야(환기구)' 연통. 오른쪽 들판은 탄광 사무소와 노동자숙소가 있었던 자리이다.

마치 공장 굴뚝처럼 생긴 그것은 주야를 가리지 않고 2교대로 이어지는 채탄작업을 위해 공기 순환을 도와주는 환기구였다. 다시 말해서 굴뚝이 서 있는 곳의 해저에는 탄광이 있었다는 의미이다.

[사진Ⅱ-2] 조세이탄광의 흔적을 보여주는 환기구. 일명 '피야(Pier)'라고 불리어지고 있으며 두 개가 바다를 향해 나란히 건립되어 있다. 해안가 가까이의 것은 직경 2.8m, 바다쪽의 것은 직경 4.15m이다.

무리한 조업으로 수몰

굴뚝이 설치된 조세이탄광 본갱은 1942년 2월 3일 오전 10시, 갱구에서 약 1천 미터 떨어진 바다 한가운데 지점이 수압에 못 이겨 붕괴, 작업중이던 조선인 136명을 포함한 183명이 수몰되는 대참사를 불러왔다. 붕괴의 원인은 갱도내 붕괴를 막기 위해 설치된 버팀목(갱목)의 지나친 제거와 채굴 금지 지역에서의 조업이었다. 침략전쟁에 혈안이 된 일본정부의 석탄증산 요구와 전쟁 특수特需에 눈이 먼 탄광측의 탐욕이 빗어낸 대참사였다.

사고 후 탄광측은 본갱을 폐쇄하고, 유족들에게 약간의 조위금과 위패제작으로 사고처리를 마무리한 뒤, 곧바로 제2의 해저탄광 조업을 개시하였다. 그곳이 [사진Ⅱ-3]의 '신우라新浦'탄광이다. 현재 이곳도 그 흔적은 사라지고 없어서 전문가의 도움 없이는 어디에 위치했는지 조차 가늠하기 어렵다. 조세이탄광의 제2갱이 되는 이곳에도 조선인 노무자들이 투입된 것은 말할 나위 없다. 그리고 이곳에서도 갱도가 무너져 사망하는 사고가 발생하였다.

조세이탄광은 집요하였다. 신우라탄광의 조업이 원만하지 않자, 이번에는 본갱을 중심으로 반대편에 위치한 제3의 갱도를 개척하기 시작하였다[사진Ⅱ-4]. 최근에 오랜 기간 조세이탄광을 조사해온 시민단체 「조세이탄광의 '물비상'(수몰사고)을 역사에 새기는 모임」이 갱구를 확인하였다고 전해진다.

[사진Ⅱ-3] '신우라(新浦)탄광'이라고 했던 조세이탄광의 제2갱의 위치.

[사진Ⅱ-4] '제3갱'이 있었던 자리로, 왼쪽 수목이 우거진 안쪽에 갱구가 있다고 한다.

이와 같이 조세이탄광은 수몰사고가 난 본갱과 신우라탄광東鄕탄광이라고도 한으로 불렸던 제2갱, 그리고 새로 개척한 제3갱으로 구성된다. 그 일대는 조세이탄광 관련 시설물과 직원, 조선인 노동자의 숙소가 배치되어 있었다 [사진Ⅱ-6]. 현재는 [사진Ⅱ-7]에서 보는 바와 같이 잡초가 무성한 넓은 들판이 되어 있으나, 당시에는 빼곡히 들어찬 숙소와 검은 널빤지의 울타리가 사방을 에워싸고 있었다. 출입은 감시소가 설치된 단 한 곳으로만 가능했다.

[사진Ⅱ-5] 본갱이 있었던 지역. 피야와 콘크리트 구조물만 남아 있다

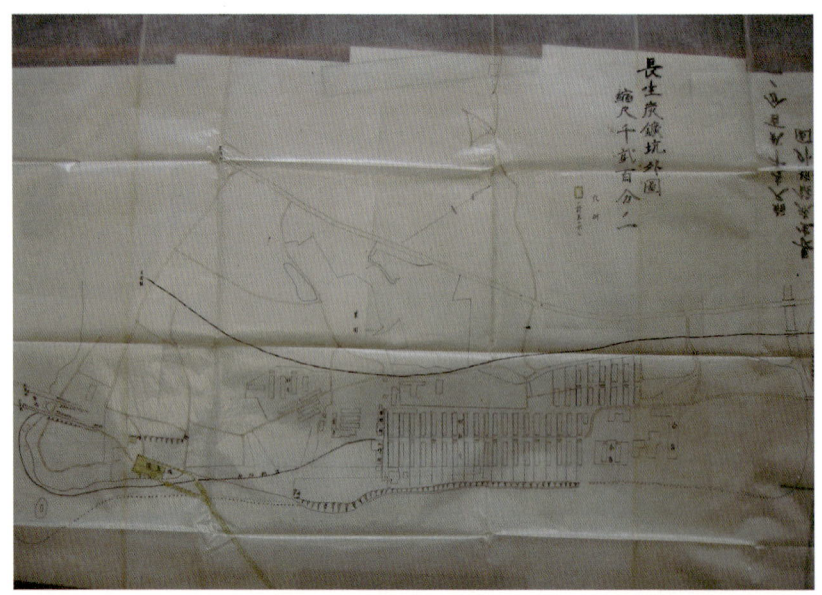

[사진Ⅱ-6] 조세이탄광 장외도(1947년, 우베시 향토자료관). 갱외 육지의 사무실, 숙소, 갱구위치 등이 표시되어 있으며, 본갱 쪽에 수많은 숙소건물이 빼곡히 들어선 모습이 확인된다.

[사진Ⅱ-7] 과거 탄광주택과 사무실 등이 있었던 자리. 현재는 수풀만 무성하다.

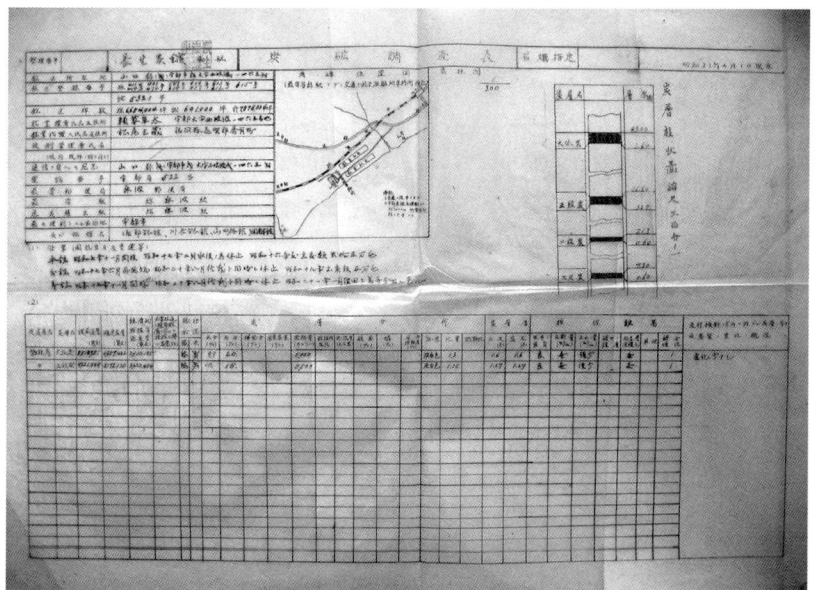

[사진Ⅱ-8] 조세이탄광의 주소, 소유자, 위치 등을 조사하여 보고한 탄광조사표(1946년 4월 현재, 우베시 향토자료관 소장).

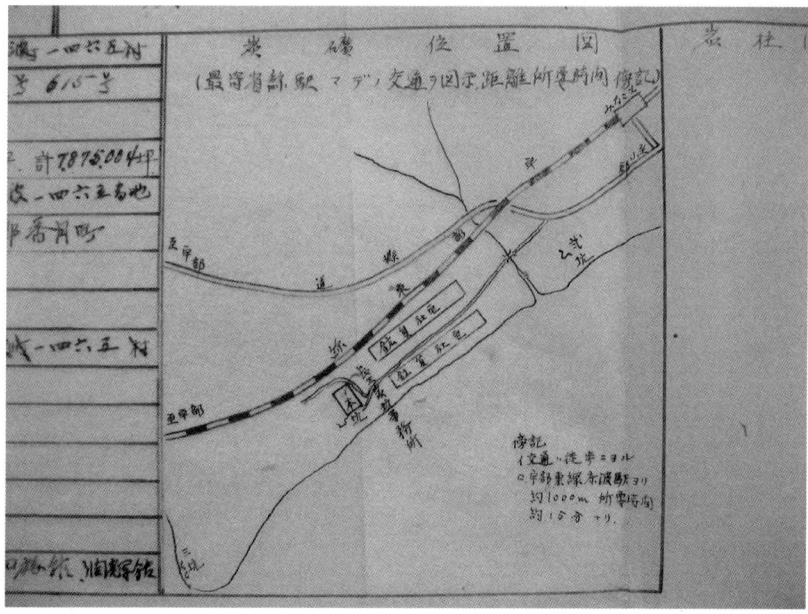

[사진Ⅱ-9] 조세이탄광 위치도를 보면, 도코나미 해안가를 따라 우측에 제2갱(貳坑으로 표기됨)과 중앙의 본갱(本坑) 그리고 좌측 하단의 제3갱(三坑)의 위치를 확인할 수 있다.

탄광주택이 늘어선 안쪽 육지방향으로는 '우베선宇部線'의 철로가 예나 지금이나 변함없이 지나가고 있다. 다만, 지금은 조세이탄광을 가기 위해서는 '도코나미床波역'에서 하차해야 하지만, 당시에는 조세이탄광으로 곧바로 이어지는 간이역이 있었다. 지금도 현지에는 [사진Ⅱ-10]에서 보는 바와 같이 플랫폼의 콘크리트 토대를 볼 수가 있다.

[사진Ⅱ-10] 우측에 울타리로 보이는 너머로 '우베선'의 철로가 있고, 좌측 콘크리트 토대가 조세이탄광 간이역이 있던 자리.

플랫폼의 옛자리를 곁눈으로 보면서 더 안쪽으로 가다보면 소각로와 같은 흔적도 발견할 수 있다. 이곳에서 어떠한 용도로 무엇이 소각되었는지는 자세히 알 수 없으나 조세이탄광측이 조성한 시설물의 하나로 판단된다.

[사진Ⅱ-11] 소각로로 보이는 구조물. 붉은벽돌로 만들어졌으며 철제문이 붙어 있다.

　다시 발길을 돌려 탄광주택이 늘어서 있던 너른 들판으로 나오면, 당시 탄광사무소가 위치했던 것으로 알려지는 자리에 '추도비'가 있다. 높이가 1.5m 남짓 될까. "조세이탄광 순난자의 비"라는 글이 타원형 암석 표면에 각인되어 있다[사진Ⅱ-12]. 현장답사 시 탄광자리를 안내해 주었던 고 야마구치 다케노부山口武信 「조세이탄광의 '물비상'을 역사에 새기는 모임」 회장은 희생자의 이름 한 글자 새겨져 있는 않은 추도비가 누구를 추도하기 위한 것이냐며, 이것과 다른 제대로 된 추도비의 건립을 강조하였다.

　이 점은 한국 유족들의 마음도 마찬가지다. 희생자의 유해가 아직도 차디찬 바닷속에 매몰된 채 있는 상황에서 유족들은 이름 석 자에서 희생자의 흔적을 찾고 기억하고 싶은 것이다. '사이코지西光寺'라는 사찰에 위패가 준비되어 있다지만, 네 글자의 일본이름은 마음 속 빈 공간을 채우기에는 한없이 부족하다.[사진Ⅱ-14]

[사진Ⅱ-12] 조세이탄광 '순난자의 비'. 과거 탄광사무소가 있었던 위치에 건립되어 있다.

[사진Ⅱ-13] '순난자의 비' 비문. "영원히 잠들라. 편안히 잠들라. 탄광의 사내들이여"라고 쓰여져 있을 뿐 수몰사고의 구체적인 내용도 희생자의 이름도 각인되어 있지 않다.

[사진Ⅱ-14] 사이코지(西光寺)에 안치된 183명 희생자의 위패

2013년 2월 2일 토요일, 고 야마구치 회장과 한국 유족들의 염원하던 소원이 드디어 이루어졌다. 조세이탄광 희생자들의 추도비가 니시키와(西岐波) 해변가에 건립되었기 때문이다[사진Ⅱ-15]. 추도비제막식에는 희생자유족회 유족들과 야마구치 회장 외 「조세이탄광의 '물비상'(수몰사고)을 역사에 새기는 모임」 회원, 재일한인회, 한국정부 위원회 대표, 주히로시마 총영사관 총영사, 우베시청 직원 등이 참석하였다. 추도비는 조세이탄광의 상징인 두 개의 환기구를 형상화했고 수몰사고로 희생당한 일본인과 한인을 추도하고 있다. 그리고 희생자 한 사람 한 사람의 이름이 새겨져 있다. 특히 한인 희생자는 한국 정부(대일항쟁기강제동원피해조사및국외강제동원희생자등지원위원회)의 협력하에 일본이름이 아닌 본명으로 대부분 새겨 넣었다. 본명을 확인하지 못한 희생자는 본명이 판명되면 교체할 수 있도록 고안되어 있다.

[사진Ⅱ-15] 일본시민단체가 건립한 조세이탄광 추도비의 모습. 두 개의 '피야'를 상징하는 구조물을 중심으로 전면에 희생자 전원의 이름이 새겨져 있다. 그리고 추도비 뒤편 벽면흰색바탕 위에 한글과 일본어로 추도문이 쓰여 있다.

주목할 점은 이 추도비가 왜 이곳에 세워지게 되었는지 그 역사적 배경과 사실을 기록한 현판이 걸려 있다는 점이다. 아래에 한글과 일본어로 새겨진 내용을 소개한다.

그리고 안타깝게도 「조세이탄광의 '물비상'을 역사에 새기는 모임」 야마구치 다케노부 회장은 추도비 건립으로 당신의 소임을 다했다는 안도감이 있었는지, 2015년 3월 감은 눈을 두 번 다시 뜨지 못했다. 삼가 머리숙여 고인의 명복을 빈다.

조세이탄광으로 가는 방법

☞시모노세키(下關)역에서 출발 : JR산요혼센(山陽本線) 우베신카와(宇部新川) 행⇒우베신카와역에서 JR우베선으로 환승(신야마구치 행)⇒JR우베선 도코나미(床波)역에서 하차⇒도보로 이동

☞후쿠오카 하카타(博多)역 출발 : JR신칸센 도쿄행⇒아사(厚狹)역 하차 후 JR산요혼센으로 환승⇒우베역에서 하차 후 JR우베선으로 환승(신야마구치 행)⇒JR우베선 도코나미역에서 하차⇒도보로 이동

추도비 비문 내용

추 도

아버지!
저희들이 오늘도 왔습니다.
아직도 지하에 계신 아버지를 생각하면
저희들의 마음은 비통할 뿐입니다.

아버지!
우리들이 비록 당신의 친자식은 아니라 할지라도
아들이라 생각하고 반갑게 맞아주십시오.
저희들도 저의 아버지와 똑같이 생각하고
모시겠습니다.
오늘 참석한 사람은 비록 적지만 언젠가 이곳에 매몰되었던
모든 분들의 후손들이 모두 모일 것입니다.

우리 모두는,
1942년 2월 3일.
그날을 기억합니다.
찬바람 불고, 눈 내리는, 겨울 바닷가
한 맺힌 절규와 절망의 목소리만 가득했던,
그 바닷가.
제국주의의 군화소리와 감시하는 병사들의
총검소리.
그리고 그날.

어머니의 고통스런 울부짖음.
어린이의 비명, 고함, 울음소리 ……

아 …… 이곳이 바로 지옥이었습니다.
지금 바닷속에서도 그렇게 하고 있습니까?

기나긴 지난 세월을 바로 저 바닷속에서 그렇게
하고 있었습니까?
아버지!
이제 편안히 잠드십시오.
비록 고향의 따뜻한 언덕은 아니라도
그 긴 세월을 내려놓고, 이제는 편히
잠드십시오.
나머지 일들일랑 훌훌 벗어 남아있는
저희들에게 주시고
편히 잠드십시오.

왜냐하면,
우리들이 그날을 똑바로 기억하고 있고,
이 자리에 함께하신 수많은 사람들이 그날을
똑바로 기억하고 있기 때문입니다.

아버지!
우리들이 아버지들을 고향땅에 돌아가실 수
있도록 할 수 있는
힘과 지혜를 주십시오.
그리하여 미약하더라도, 비좁더라도, 그곳은
우리들의 쉼터이므로
그곳에서는 좀 더 편히 쉴 수 있을 것입니다.

아버지!
그날이 오면
정녕 편히 쉬십시오.

2013년 2월 2일
일본장생탄광 희생자 대한민국 유족회

추 도

1942년 2월 3일 이른 아침, 여기 니시키와(西岐波) 해변에 있었던 長生탄광에서 「水非常」(수몰 사고)이 일어나 183명이나 되는 사람들이 산채로 갱도에 갇혀 희생되었습니다.

아시아·태평양 전쟁을 시작한 일본은 국책으로서 석탄 증산을 강력하게 추진했습니다. 그것은 위험하게 누수 사고를 되풀이하고 있었던 長生탄광도 예외가 아니었습니다.

희생자 가운데 136명은 일본 식민지 지배 정책 때문에 토지·재산 등을 잃어버려 부득이 일본으로 일거리를 찾으러 건너오거나, 혹은 노동력으로서 강제 연행되어 온 조선 사람들이었습니다.

또한, 일본인 47명도, 많은 이재민과 같이 전쟁의 혼란 속에서 내버려졌습니다.

억울한 죽음을 당하고, 아직까지도 2개 「피야」의 깊은 바다 속에서 잠들고 계시는 분들께 삼가 애도의 뜻을 표합니다.

특히, 조선인 희생자와 그 유족에게는 일본인으로서 진심으로 사과의 마음을 올립니다.

우리들은 이러한 비극을 낳은 일본의 역사를 반성하고, 다시는 다른 민족을 짓밟는 포악한 권력의 출현을 용납하지 않도록 온 힘을 다할 것을 맹세하고, 여기에 희생자의 이름을 새깁니다.

2013년 2월 2일
長生탄광의 「水非常」을 역사에 새기는 모임

우치오카 사다오(內岡貞雄) 공동대표의 인사말

문) 선생님이 시민모임에 참가한 것은 언제이며 계기는 무엇인지요?

2009년 2월부터입니다. 치쿠호의 필드워크를 중심으로 또 일본의 초중고에서 '재일코리언의 역사와 인권'을 테마로 20년가까이 학교에서 강연한 배동록(재일코리언 2세)씨로부터 조세이탄광의 수몰사고를 알게 되었습니다. 고등학교 선생님시절 '한국'적이나 '조선'적, 일본국적의 재일코리언 학생들의 진로보장 등에 오랫동안 관여해 온 것이 '새기는 모임'참가의 배경이 되었습니다.

문) 시민모임의 연혁

① 창립연도 1991년 3월 18일
② 당시대표 : 야마구치 다케노부(山口武信)
③ 당시 회원수 : 약 50명
④ 주요활동 : 3대 목표 실현을 위해 활동. 1.피야의 보존, 2.희생자전원의 이름을 새긴 추도비 건립(2013.2.2. 제막식), 3.증언 자료 수집(1호와 2호 발행), 4. 기타 : 수몰사고 전후(2.3.전후)에 매년 한국유족과 재일유족을 초대하여 추도식 거행, 우베시와 야마구치현에 추도비건립 요청(방문 1992년~2010년), 시민단체와 교직원조합 등 희망자(단체, 개인) 대상으로 필드워크 실시.

문) 시민모임의 활동이나 에피소드

2013년 2월 2일의 추도비 제막식 이후 '추도광장' 확충을 꾀했습니다(삼각대 간판, 석탄운반용 잔교 등 사진설치, 야마구치 다케노부 회화 '피야가 보이는 조세이탄광'(복제), 본명 창씨명 대조일람, 해저갱도에서 인양한 나무조각, 사다리 일부 전시 등. 어린이들의 그림도 전시 예정).

조세이탄광 제2갱의 전 조선인 노동자(와카야마현 거주 재일2세, 희생자 아들), 지역 원로, 한국 유족의 증언을 통해 '합숙료' 장소, 이른바 강제연행된 조선인이 수용되었던 장소를 특정할 수 있었습니다. '합숙소'는 탄광경영자 자손 주소의 서측에 위치(500명 이상 입주 4개동의 숙소)했는데, 주위를 3.6m의 나무울타리로 에워쌌습니다. '새기는 모임' 발족 당시부터 참가한 회원중에는 그 잔해의 일부를 목격한 사람도 있다고 합니다. 하지만 그 흔적도 1990년대 중반에 완전히 해체·철거되었습니다. JR우베선에 있었던 석탄 권양기토대도 이 무렵 해체되어 그 잔해만 덤불속에 방치되어 있습니다.

2015년 3월 22일 제8회 강제동원진상규명전국연구집회가 우베에서 개최되었습니다. 첫째날(3.21.)에는 '강제연행문제를 어떻게 매듭지을 것인가'라는 테마로 '새기는 모임' 사무국장이 현장보고를 실시하였습니다. 둘째날에는 '새기는 모임' 공동대표가 현지를 안내하였습니다. 조세이탄광 제2갱 입구가 있었던 신우라 회관에서는 한국유족의 증언을 듣는 기회를 마련했습니다. 참가자 55명은 증언을 직접 들을 수 있어서 의미가 깊었다는 감상을 들려줬습니다. 한국유족은 증언을 마치면서 "제가 원하는 것은 오직 하나입니다. 바다속에 방치되어 있는 아버지의 유골을 고향으로 모시고 가는 것입니다"라며 오열했습니다. 이 유족은 24년 동안 단 한 번도 빠짐없이 추도식에 참석한 분입니다. 현재 '새기는 모임'은 "희생자 유골을 해저에서 인양하는 일"그 일을 실현하기 위해 한발 한발 나아가고 있습니다. 구체적으로는 ①갱구조사(2015.10)를 통해 갱구를 특정한 일, ②유족DNA검체를 실시하여 14명분을 감정한 일, ③한일 양국정부에 요청하여 일본정부(후생노동성)에 대한 '유골수습' 방안을 검토한 일(구체적인 전략이나 절차)을 추진하고 있습니다.

문) 조선인 강제동원 현장에 대한 움직임

강제동원 조선인 노동자, 유족, 지역 유지의 증언에 기초하여 현장 지도를 정비하려고 합니다(1940년대와 현재). 강제동원된 조선인이 생활한 조세이탄광 '합숙소'내의 생활실태, 조선인 노무동원이 고향에서 어떻게 이루어졌는지, 송출지역의 시스템에 대해 규명하고자 합니다. '새기는 모임'과 '한국유족회'간의 신뢰관계 하에 유족들의 생활사를 구체적으로 남기고자 합니다. 그리고 '인재'라고 밖에 할 수 없는 조세이탄광수몰사고에 대한 정부나 지자체의 작위, 부작위를 법적으로 밝혀내어 반성, 보상, 화해의 길로 인도하고자 합니다.

문) 역사관에 대해서

저희들은 아시아 태평양전쟁이 '침략전쟁'이었다는 것, 그리고 36년간의 조선식민지지배가 일본의 재벌과 대자본에 의한 '몽땅수탈'에 멈추지 않고 일본으로의 노동력, 식량공급지로서의 역할을 강제했다고 생각합니다. '내선융화'라는 이름하에 황민화교육을 강요하고 일본국내에서는 조선인을 편견·차별의 대상으로 삼아 일본인의 우월의식과 편협한 내셔널리즘을 고양시켰습니다. 저희들은 이러한 '역사의 진실'과 직면하지 않으면 안 된다고 생각합니다. '새기는 모임'의 추도문에도 있듯이 "저희들은 이러한 비극을 만들어낸 일본의 역사를 반성하고 두 번 다시 타민족을 억압하는 폭력적인 권력을 출현시키지 않기 위해 혼신을 다해 노력할 것을 선언한다"는 생각을 마음에 새기고 있습니다. "과거를 돌아보아 현재를 정립함"으로써 저희들은 재일코리언(한국적·조선적)과의 우호·신뢰관계가 구축될 것이라고 생각합니다.

문) 한국의 독자나 미래세대에게 하고 싶은 말

일본이 조선을 식민지 지배한 36년간 일본과 일본인이 한반도에서 무슨 일을 했는지, 불가피하게 도일을 했거나 아니면 강제연행된 한국인·조선인에 대해 어떤 일을 했는지, 또 왜 많은 한국인·조선인이 일본땅에 살게 되었는지 등 저희들은 학교나 지역사회에서 배운 적이 없습니다. 그러는 사이 "재일코리언과 한국인·조선인에 대한 편견과 차별"이 각자에게 침투해 들어간 것입니다. 다행이도 저는 선생님을 하던 시절에 재일코리언과 교류를 갖고 한국인·조선인에 대한 편견과 차별의식을 지울 수가 있었습니다. 그리고 '조세이탄광의 물비상을 역사에 새기는 모임'의 활동을 통해 한국유족과 재일유족을 시작으로 많은 한국인·조선인과 '좋은 만남'을 거듭할 수 있었습니다. 그러한 '풍부한 만남'을 경험할 수 있어서 혹은 일본과 한반도의 역사를 '가해자측'과 '피해자측'으로부터 다시 배움으로써 한일간 개인적인 우정을 쌓을 수 있다고 생각합니다. 일본의 젊은이들에게는 "가해의 역사를 알지 못한다"는 단순한 변명으로 그냥 넘기지 말고 "한국의 젊은이들과 교류하지 않겠니" "다시 한번 역사를 함께 배우지 않겠니"라며 권해 주고 싶습니다. 그리하면 한국 사람들과 신뢰관계를 쌓는 길과 연결된다고 생각하기 때문입니다.

우치오카 사다오(内岡貞雄) : 1947년 5월 20일생, 야마구치현(山口縣) 시모노세키(下關)시 출신. 구마모토(熊本)대학 졸업 후 사립 미션스쿨을 거쳐 32년간 후쿠오카현 현립고등학교에서 교편을 잡음. 담당과목은 사회과(지리, 세계사). 자택이 관부연락선 터미널 근처여서 주위에 많은 한국인·조선인들이 있었음.

조세이탄광의 물비상을 역사에 새기는 모임 : 1991년 3월 18일 설립. 2016년 현재 정회원 35명, 찬조회원 197명, 기타 101명(기부자).회원지 「刻む会たより(새기는 모임 소식지)」연간 4회 발간. 매년 추도제 거행.

Ⅲ

원자폭탄의 도시 히로시마廣島

한국의 원폭피해자를 구원하는 시민회
韓国の原爆被害者を救援する市民の会
http://www.no-more-hiroshima.com/zaigai/zaikan.htm

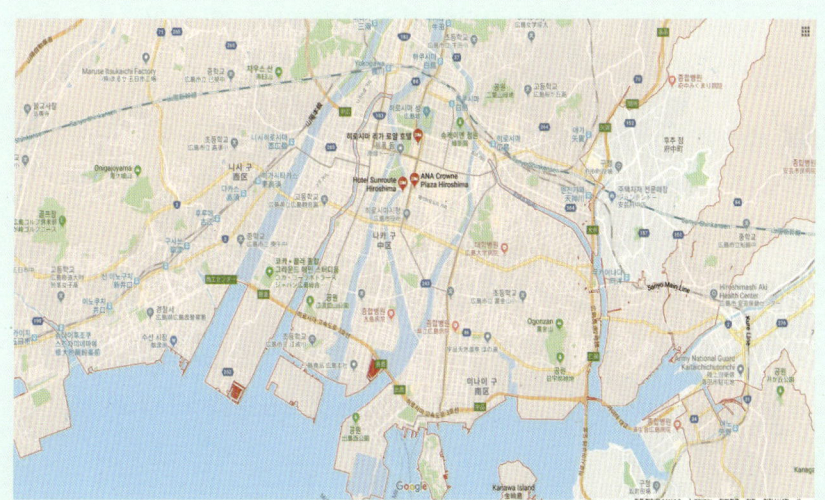

히로시마현(廣島縣) 히로시마시(廣島市). 오타가와(太田川) 강이
여러 갈래로 나뉘어 시가지를 흐른다.

인류를 향한 최초의 원자폭탄이 투하된 곳이 히로시마다. 청일전쟁 당시 일왕의 지휘소를 의미하는 '대본영'이 설치된 곳도 히로시마이고, 아시아태평양전쟁 당시 군함을 건조하던 대규모 조선소가 설치된 곳도 히로시마로 히로시마는 그야말로 군항도시다. 그러나 전쟁의 선봉에 있었던 히로시마는 원자폭탄으로 일순간에 군항도시에서 원폭피해의 도시, 전쟁피해의 도시, 평화의 도시로 둔갑한다. 이를 집중적으로 표현하기 위해 일본에서는 통상 지명을 표기하는 한자어 '廣島' 대신에 외국어를 표기하는 가타카나로 'ヒロシマ'라고 쓴다. 특별한 의미를 담은 표기인 셈이다.

히로시마시는 지도에서 보듯이 오타가와太田川라는 강이 바다를 향해 부채 모양으로 펼쳐지는 델타지역이다. 오타가와가 몇 줄기로 나뉘어져 나가다 보니 몇 개의 지역으로 나뉘고 그것이 마치 넓은 섬과 같다. 히로시마는 그래서 붙여진 이름일까?

히로시마에 투하된 원자폭탄은 우라늄으로 만들어진 것으로 일명 '리틀보이'라고 불린다. TNT 화약 1만 5천톤의 위력을 가졌다. 이 원자폭탄이 히로시마 상공 580미터 지점에서 작렬한 것은 1945년 8월 6일 오전 8시 15분의 일이었다. 거리에는 건물소개疏開[6]작업장으로 혹은 군수공장으로 출근을 서두르는 노동자, 부녀자, 학도근로대 등으로 북적이고 있었다. 당초 설정된 목표는 시내 중심지 히로시마성에 인접한 아이오이바시相生橋. 두 개의 다리가 중앙에서 서로 만나기에 알파벳 T자형으로 생겼다. 육안으로 목표물을 확인하고 투하된 원자폭탄은 그로부터 약 120미터 떨어진 '시마島' 병원 상공에서 작렬하였다. 번쩍하는 섬광과 함께 커다란 불덩이가 이는가 싶더니 쾅하는 폭발음과 함께 전달된 폭풍爆風이 도시 전체를 삼켜버렸다. 이 단 한 번의 폭

---

6 건물소개란 목조건물인 일본식 가옥이 화재에 취약하기 때문에 공습으로 화재가 확산되는 일이 없도록 건물과 건물사이에 간격을 두기 위해 일부 건물을 허무는 작업을 의미한다.

발로 약 35만 명의 시민 중 14만 명이 그 해를 넘기지 못하고 사망했다고 전해진다.

[사진Ⅲ-1] 아이오이바시(相生橋). 상공에서 보면 '평화기념공원'이 위치한 나카시마초(中島町)로부터 나온 다리가 가로지르는 다리와 연결되어 T자 모양이 된다. 이곳이 당초 폭심지였다고 한다.

[사진Ⅲ-2] 시마(島)병원. 실제로 원폭이 작렬했던 폭심지가 시마(島)병원으로 현재도 그 자리에서 후손이 병원을 운영하고 있다.

원폭피폭과 조선인

그중에는 식민지 조선통치가 빚어낸 경제적 압박으로 삶의 터전을 찾아 현해탄을 건너온 조선인 노동자들도 있었다. 특히 일본 노동시장의 밑바닥 생활을 경험하며 어렵게 자리를 잡은 조선인이 고향에서는 성공사례가 되거나 혹은 추가 노동력을 같은 고향 출신자로 충원하는 일 등이 겹치면서 같은 지역 사람들이 몰려사는 경우가 있었다. 가령 오사카에는 제주도 출신자가 많듯이 히로시마에는 경남 합천 출신이 많았다. 그래서 한국인 원폭피해자 중에는 합천출신자가 많다.

[사진Ⅲ-3] 히로시마 원폭피해의 상징물이 된 일명 '원폭돔'. 원래는 산업장려관이었다.

[사진Ⅲ-4] 원폭에 피폭되었던 노면전철 차량. 히로시마전철 650형 전철로 현재 651호와 652호가 현역으로 운용중이라고 한다.

그런데 그 뿐만이 아니다. 한국인 중에는 당시 군수공장으로 강제동원된 조선인 노동자들도 있었다. 히로시마시의 공식 웹사이트(http://www.city.hiroshima.lg.jp)에서도 이점을 지적하고 있다.

> "당시 일본의 식민지였던 조선, 타이완이나 중국대륙에서 온 사람들도 있었고, 그 중에는 강제적으로 징용된 사람들도 있었습니다."

미쓰비시 히로시마조선소에 동원된 사람들

필자는 실제로 이 강제동원된 조선인들이 히로시마시 거주 조선인의 많은 부분을 차지하고 있었을 것으로 보고, 한국인피폭의 실태를 보기 위한 방법으로 강제동원 조선인을 볼 필요가 있음을 강조한 바 있다. 당시 히로시마에는 미쓰비시중공업 히로시마조선소가 있었는데 1923년 출생의 젊은 조선인을 '연령징용'으로 1944년부터 동원하고 있었기 때문이다. 대개 경성부와 경기도 일대의 젊은이들이 대상이었다. 한국정부의 노력으로 2010년에 이들 조선인 징용공 명부 일부가 확보된 바 있다.

그곳이 지금도 가동중이라고 하기에 현장을 보기위해 히로시마시의 시민단체에게 도움을 요청했다. '한국의 원폭피해자를 구원하는 시민회'이다. 히로시마시와 나가사키시에서 피폭당한 한국인 피폭자들의 권리구제를 위해 동분서주하는 분들이다.

히로시마조선소는 덴마가와天滿川 강을 끼고 양쪽에 자리하고 있었다. 하나는 간온마치觀音町에 있고, 다른 하나는 에바초江波町에 있다. 간온마치에는 미쓰비시중공업 기계제작소가 위치했고 군수공장임을 숨기기 위해 '히로8501공장'으로 불렸다. 에바초에는 선박을 조립·건조하던 조선소가 위치했으며 '히로8101공장'으로 불렸다. 이 암호화된 공장명을 여전히 기억하던 할아버지도 있었다. 당시 연령징용으로 동원된 피해자에게 직접 이야기를 들었더니, 동원된 조선인들은 모두 간온마치에 있었다고 한다. 그곳에 징용자들을 집단 수용한 숙소가 있었기 때문이다. 조선에서 강제동원된 조선인은 서료西寮와 북료北寮에 분산수용되었고, 동료東寮에는 일본인이 생활하고 있었다. 아침이 되면 공동식당에서 식사를 하고서 집단으로 열을 지어 기계제작소와 조선소로 이동했다.

[사진Ⅲ-5] 히로시마기계제작소가 있었던 '간온마치(觀音町)'의 현재 모습. 미쓰비시 중공업이 가동 중이다.

[사진Ⅲ-6] '에바역(江波驛)' 차량기지. 히로시마조선소를 가기 위해 하차한 종점역으로 뒤로 보이는 나지막한 산이 '사라야마(皿山)'이다. 그 너머 바닷가에 히로시마조선소가 있다.

Ⅲ. 원자폭탄의 도시 히로시마廣島 _ 55

히로시마조선소에 동원된 사람은 평택, 화성, 수원, 여주, 안성 등 주로 경기도 출신자들이었다. 히로시마조선소에 동원된 징용자들은 히로시마역에 내려서자 히로시마 호국신사에 참배하러 이동하였다. 그 때 촬영한 단체사진이 남아 있다. 동일한 국민복 차림의 조선인 청년들. 히로시마성을 방문하면 그들이 기념촬영한 호국신사가 바로 그 옆에 있다. 이 사진에 대해서는 일화가 있다. 당시 경성부에서 사진관 일을 돕다가 동원된 박상재에 의하면, 촬영 당시 일본인 사진기사가 돋보기안경을 잊어버리는 바람에 하마터면 촬영할 수 없었던 것을 자신이 도와서 촬영할 수 있었다고 한다.[7]

[사진Ⅲ-7] 히로시마 호국신사 참배사진. 히로시마조선소에 연령징용된 조선인 노무자들이 호국신사를 참배한 후 촬영한 단체사진.

---

7 일제강점하 강제동원피해 진상규명위원회, 『내 몸에 새겨진 8월』, 2008, 89쪽.

[사진Ⅲ-8] 히로시마 호국신사의 현재 모습. 2012년 촬영

도요東洋공업

히로시마시에는 또 다른 군수공장이 있다. 도요東洋공업이라는 회사로 당시에는 99식 소총을 제작하던 군수회사였다. 이 회사는 1944년 1월 17일 「군수회사법」에 의한 군수회사로 지정을 받아 자금, 물자, 인력면에서 일본정부로부터 전격적인 지원을 받았다. 도요공업에는 경성부의 청년들이 동원된 것으로 파악되며, 이를 입증하는 『반도응징사 신상조사표』라는 자료가 있다. 당시 도

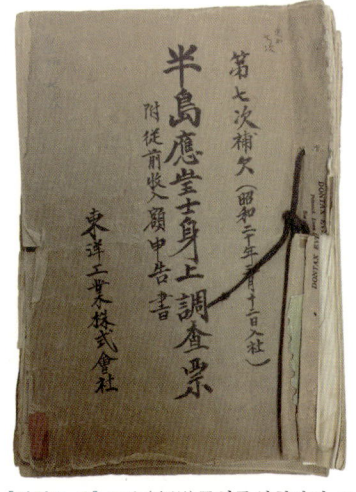

[사진Ⅲ-9] 도요(東洋)공업주식회사의 조선인 노무자 명부(국립 일제강제동원역사관 소장). 표지에 '반도응징사 신상조사표'라고 적혀 있다. 징용에 응한 산업전사 반도인(한반도 출신자)에 대해 신상을 조사한 기록이라는 의미다.

요공업에서 조선인 징용공의 노무관리를 담당하던 일본인 감독관이 소장하던 것으로 그의 사후 유언에 의해 세상에 알려졌다가 한국정부에 기증되었다. 이 자료에 의하면 조선인 징용공의 출생지, 가족상황을 비롯하여 전직, 자산수입, 종교, 주량, 취미, 병역관계, 지병, 언어능력, 성격 등 징용공의 신상 전반에 걸쳐 조사된 내용이 상세하게 기재되어 있다. 일본정부가 조선인 강제동원에 대해 얼마나 철저하고 치밀하게 준비해 왔는지를 엿볼 수 있는 자료다. 도요공업은 패전 후 군수공장에서 자동차회사로 변신에 성공, 명성을 떨치고 있는데 그것이 마츠다 자동차이다.

[사진Ⅲ-10] 무카이나다(向洋)역의 모습. 도요공업주식회사로 강제동원된 조선인들이 내렸던 역사의 모습.

[사진Ⅲ-11] 도요공업주식회사가 있었던 공장의 현재 모습. 도요공업은 현재 마츠다 자동차로 업종을 변경하여 가동중이다.

다마모구미 玉藻組

  군수회사 외에 '다마모구미玉藻組'라는 토목건설 회사가 조선인을 동원하고 있었던 사실이 새롭게 밝혀졌다. 전라남도 고흥군에서 동원된 박홍규의 설명에 의하면 장흥군, 보성군을 포함하여 3개 군에서 총 120명이 동원되었다고 한다. 처음에는 후쿠오카현福岡縣에 당도하여 비행장 건설에 투입되었다가 구마모토현熊本縣으로 이동, 그곳에서도 비행장건설을 한 후 80명만 히로시마로 다시 배치되었다. 히로시마에 도착한 조선인을 기다리고 있었던 것은 히로시마역 북측 '후타바야마二葉山'에 계획된 일본육군 지하창고용 터널조성 작업이었다. 이곳은 원자폭탄 폭심지로부터 반경 2.5km내에 위치하고 있어서 노출된 피부는 모두 열선에 의한 화상을 입는다. 피해자 박홍규도 노출된 피부가 열선에 의해 화상을 입어 당시 입고 있었던 런닝셔츠 모양이 선명하게 남아 있었다.

[사진Ⅲ-12] 히로시마역 북측출구에서 바라본 '후타바야마(二葉山)'의 모습. 중앙에 계단이 곧게 뻗은 곳이 '東照宮'이라는 신사이고 그 왼쪽으로 터널의 현장이 있다. 가와이 아키코 촬영

[사진Ⅲ-13] '다마모구미'가 조성한 것으로 판단되는 터널의 현재 모습. 블록벽돌로 입구가 막혀 있으며 출입금지의 입간판이 눈에 띈다. 2016년 촬영.

히로시마시·나가사키시 원자폭탄 투하의 역사를 직접 확인하고 싶다면 단연코 원폭투하가 있었던 당일에 방문하는 것을 추천한다. 원폭이 투하됐던 당일은 일본 각지는 물론 해외에서 방문하는 추도객들로 히로시마시와 나가사키시 평화기념공원이 인산인해를 이루지만 다양한 추모행사를 접할 수 있다. 그리고 아침부터 찌는 듯한 무더위의 고통을 온몸으로 느끼면서 원폭피폭 이후의 처절했을 당시 상황을 모름지기 실감할 수도 있을 것이다. 70여년의 긴 세월을 훌쩍 넘어 1945년 8월 그날의 그 장소에 순간이동한 듯한 착각속에서 우리는 무슨 말로도 용납되어선 안 될 전쟁의 무자비함과 평화의 소중함을 깊이 생각할 수 있을 것이다.

이치바 준코(市場淳子) 대표의 한마디

문) 선생님이 시민회에 참가하게 된 것은 언제이며 동기는 무엇인지요?

1978년부터 후쿠오카에서 손진두재판(이 시점에서는 수첩재판은 대법원에 상고되었는데 후쿠오카지방법원에서 '퇴거강제 무효확인소송'중이었음)에 방청지원에 참가하게 되었습니다. 그후 1978년 대법원에서 손진두 재판 완전승소를 모든 재한피폭자에 대한 원호실현으로 발전시키기 위한 시민회 활동에 참가하게 되었고 시민회가 한국원폭피해자협회와 공동으로 추진한 재한피폭자실태조사에 1980년 1월과 8월에 참가하면서 시민회 활동을 계속하게 되었습니다.

문) 시민회 연혁에 대해 알려주세요.

1971년 12월 25일 오사카에서 창설했습니다. 창설 당시의 회장은 本吉義宏이었습니다. 현재 회원수는 540명으로 주된 활동은 창설 당시에는 한국원폭피해자협회 활동의 지원, 곤궁피폭자의 의료·생활지원을 위해 일본에서 모금활동을 하고 그것을 한국에 전달하거나 한국원폭피해자협회 대표자를 일본에 초청하여 일본정부와 교섭하거나 재한피폭자문제를 널리 알리기 위해 회보나 팸플릿을 제작하거나 하는 일이었습니다. 그후 1990년대 이후에는 재한피폭자가 원고가 되어 일본재판소에서 제소한 각종 재판(전후 보상재판, 피폭자원호법 평등 적용을 요구한 재판)을 지원해 왔습니다. 그밖에도 재한피폭자의 피폭자건강수첩 취득, 도일치료 지원 등에도 관여하여 왔습니다.

문) 시민회의 현재 활동은?

한국원폭피해자협회가 도일하여 추진하는 활동을 지원, 일본정부가 1974년에 발령한 통달로 재한피폭자를 피폭자법 적용에서 배제한 것에 대한 위자료 청구재판 지원, 피폭자건강수첩 취득이 곤란한 재한피폭자 수첩 취득 지원 등입니다.

문) 조선인강제동원에 대해 의견이 있다면

피폭자원호법의 평등적용을 요구하는 재판투쟁에서 전승을 거두어 고비를 넘긴 지금, 2011년 8월 30일 한국헌법재판소 결정에 따라 한일청구권협정에서 재한피폭자문제를 둘러싼 한일양국의 견해차를 넘어 일본정부에 의한 재한피폭자에 대한 사죄와 배상책임을 추궁하지 않으면 안 됩니다. 또한 한국인원폭피해자에 대한 미국정부의 배상책임도 추궁하지 않으면 안 됩니다. 이것들은 한국원폭피해자협회가 결성된 이후부터 재한피폭자가 줄곧 주장해 온 것입니다. 또한 이 문제는 일본에서 피폭당한 후 북한으로 귀환한 피폭자에게도 공통적인 문제이며 일본 시민으로서 책임을 갖고 해결해야 할 문제이기도 합니다.

문) 시민회 여러분이나 선생님이 생각하는 '역사'란 무엇인가?

'역사'란 현재를 사는 우리들이 보다 의미있게 살기 위하여 직시해야 하는 일입니다. 현재를 사는 우리들이 안고 있는 문제의 원인은 '역사'속에 있기 때문입니다. 와이젝커 전 독일대통령이 언급한 "과거에 눈을 감는 자는 현재에도 맹목이 된다"라는 말 그대로입니다.

또 '역사'란 이미 죽은 사람들의 유언이기도 합니다. 현재란 이 유언을 실현하기 위해 있는 것이라고도 할 수 있습니다.

문) 젊은이나 한국인에게 하고 싶은 말은?

일본정부에게 재한피폭자에게 사죄와 배상을 실시하도록 하는 것은 침략국 일본 시민으로서 책무라고 생각하여 재한피폭자문제에 관여해 왔습니다. 그 과정에서 저는 병고와 가난의 악순환 속에 있으면서도 자신보다 처지가 곤란한 피폭자를 위해 고군분투하다 돌아가신 많은 재한피폭자를 만났습니다. 그런 선구적인 사람들뿐만 아니라 많은 재한피폭자들로부터 인간적인 가르침을 수없이 받아왔습니다. 한편으로는 피폭자인 부모의 병고와 생활고가 그 자식들에게도 심신에 걸쳐 깊은 상처가 되고 있는 현실도 직면해 왔습니다. 재한피폭자의 체험은 일본에 의한 식민지지배와 미국에 의한 원폭투하의 이중피해와 더불어 피폭후에도 일본의 차별적인 배외주의로 방치되어 왔다는 점에서 삼중의 피해체험입니다. 이와 같은 상황은 일본인피폭자의 체험과는 상당히 다릅니다. 한국인원폭피해자 체험은 독특한 것으로 기록되어 세계 인류의 기억 속에 남겨야 할 것입니다.

한국에서는 2016년 5월 29일 '한국인원자폭탄피해자지원을 위한 특별법'이 제정되어 제14조에서 '기념사업'을 실시하게 되었습니다. 구체적으로는 "국가 및 지방자치단체는 원자폭탄 피해에 의해 사망한 사람의 영혼을 위로하여 인권과 평화를 위해 교육의 장으로서 활용하기 위해 다음 각호의 기념사업을 실시할 수가 있다. 1 추모묘역 및 위령탑, 2 기타 피해자 추모에 필요한 사업"이라고 합니다. 이 사업에 한국 젊은이들도 적극 참여하여 한국인원폭피해자의 체험을 계승해가고 싶습니다.

이치바 준코(市場淳子) 프로필 : 1956.4.5생, 히로시마현 출신. 오사카외국어대학 강사. 1979년 한국인 원폭피폭자 방문이후 줄곧 이들을 지원하는 활동을 하면서 활발한 저작활동도 하고 있음. 『한국의 히로시마』(역사비평사, 2003)로 유명.

한국의 원폭피해자를 구원하는 시민회 : 1971년 설립. 회원 540명. 회원지 『早く援護を！』(빨리 원호를!) 발간(2018년 현재 152호)

IV

오사카부大阪府 다카쓰키시高槻市 지하공장

다카쓰키 '다·치·소' 전적보존의 회
高槻「タ・チ・ソ」戦跡保存の会

교토시(京都市)와 오사카시(大阪市) 중간에 위치한 다카쓰키시

공습과 지하공장

아시아태평양전쟁이 종반에 접어들자 미군 폭격기에 의한 일본 본토 공습이 잦아들기 시작했다. 수많은 군수공장을 가동하고 있던 오사카부도 예외는 아니었다. 공습으로부터 군수공장을 보호하고 이를 통해 군수품을 안정적으로 공급한다는 발상에서 만들어진 것이 지하공장이다. 오사카시내에는 수많은 지하공장이 자리하고 있었고 인접한 고베시 고급주택가에서 조차 어렵지 않게 지하공장의 흔적을 발견할 수 있다.

그 중 필자는 보존이 잘 되어 있는 오사카부 다카쓰키시의 '다·치·소'를 방문하였다. '다·치·소'란 '다카쓰키시 지하 창고'라는 의미의 일본어 앞글자를 일본어 발음으로 줄인 말이다. 이 시설은 전쟁 당시 육군의 군사기밀사항이었기에 '다·치·소'란 그 당시의 암호명이기도 했다.

다카쓰키시는 오사카부 동북단에 위치한 2018년 현재 인구 약 35만명의 도시로 오사카시와 교토시의 가운데에 있다. 2015년 여름에 '다·치·소'를 답사하던 때는 마침 한국과 일본의 역사를 전공하는 연구자들의 모임이 고베시에서 개최되던 때였다. 연구회를 마친 후 '다·치·소'를 답사하고픈 연구자들이 다카쓰키역에 속속 집결하였다. 현장을 잘 아는 선생님의 설명과 안내가 있었기 때문이다.

[사진Ⅳ-1] 타카쓰키역에 집결한 답사자 일행의 모습

[사진Ⅳ-2] 다카쓰키역사 아래에 위치한 버스터미널.

[사진Ⅳ-3] 다카쓰키역에서 출발하여 목적지에 도착한 모습. 내리는 사람은 답사한 일행외에는 거의 없었다.

[사진Ⅳ-4] '다·치·소' 인근의 버스정류장. '나리아이(成合) 나카마치(中町)'라는 정류장이다.

다카쓰키역부터 현장까지는 시내버스를 이용해야 한다. 답사일행은 다카쓰키역사를 나와 지층의 버스터미널로 이동했다. 역사와 버스터미널이 연계되어 있어서 환승에 편리하다. 시간표와 행선지를 확인하고 승차장에서 모두 대기하였다. 해당버스가 도착하여 올라타니 버스는 순식간에 답사자들로 가득찼다. 우리가 마치 버스 한 대를 대절한 듯한 느낌이다. 시가지 정류장을 몇 번 거친 후 한 30분 정도를 달렸을까. 버스가 일본식 가옥으로 가득한 한적한 주택가에 들어섰을 때 안내 선생님으로부터 하차하라는 지시가 있었다. 버스정류장에는 '나리아이成合 나카마치中町'라고 적혀 있다. 이런 한적한 주택가에 무슨 군수공장이 있었을까 다소 의아하다는 생각을 하며 안내자의 뒤를 따랐다. 마을로 들어서자 주택가 반대편으로 녹색의 넓은 들판이 펼쳐진다. 한눈 가득 논이다. 물길을 터주러 왔을까. 농부로 보이는 중년의 남성이 벼 속으로 걸어들어가고 있었다.

[사진Ⅳ-5] 버스에서 내려 '다·치·소'로 이동하는 모습. 좌측 주택가가 '야요이가 오카초(弥生が丘町)'라는 마을.

[사진Ⅳ-6] 주택가 우측으로는 논이 펼쳐져 있다. 멀리 농가의 모습과 농부의 모습이 목가적이다.

●● 평화로운 주택가에 전쟁유적이

'야요이가 오카초(弥生が丘町)'라는 주택가가 끝나는 지점에 이르자 안내하던 선생님이 모두를 불러 세웠다. 이제부터 시작인가 보다. 안내하는 선생님은 오랜 기간 전시(戰時) 조선인 강제동원을 연구하고 현장보전에도 힘써 온 쓰카사키 마사유키(塚崎昌之) 선생님이다. 일본의 고등학교에서 사회과를 담당하던 선생님이다.

[사진Ⅳ-7] '야요이가 오카초' 주택가가 끝나는 지점에 세워진 '다·치·소' 안내문.

[사진Ⅳ-8] '다·치·소'의 의미, 배경, 위치 등에 대해 설명하고 있는 표지석. 답사자 한 분이 설명문을 자세히 읽어보고 있다.

"아시아태평양전쟁시기 여러분도 잘 아시다시피 미군의 폭격을 피해 군수 공장들을 지하공장으로 소개疏開하는 일이 있었습니다. 이곳에도 지하공장이 조성되었고 그 작업에는 조선에서 강제동원된 조선인 노무자들이 있었습니다. 맞은편 논과 산으로 이어지는 장소에 조선인 노무자들이 거주하던 숙소가 있었습니다." 선생님이 손을 높이 들어 맞은편 논 사이에 조성된 작은 마을을 손가락으로 가리켰다. "그리고 그 지하공장을 역사에 남기고자 뜻을 같이한 선생님들이 힘을 모아 현장을 보존하고 이곳에 그 의미를 표지석에 새겼습니다." 표지석에는 '다·치·소' 보존의 경과가 잘 설명되어 있었다.

표지석의 설명문

'다·치·소' 지하호 터

나리아이(成合) 산간부에 산재하는 30여개의 터널은 다카쓰키(高槻)지하창고='다·치·소'라는 암호로 불렸는데 붕괴가 진행되는 속에서도 여전히 당시의 모습을 유지하며 전쟁의 우매함과 비참함을 알려주고 있습니다.

미국전략폭격조사단보고서에 의하면 "…이 터널군은 당초 육군의 주요 저장고의 하나로 1944년 11월에 정부에 의해 공사가 개시되었으나 1945년 2월에 가와사키(川崎)항공기공장으로 사용하기로 했다"고 기록되어 있습니다. 항공기공장부분으로 16개 터널이 조성되어 선반 등 기계류가 부분적으로 반입되었으나 완공을 보지 못한 채 패전을 맞이했습니다.

터널공사에는 인근 주민과 오사카 고의(高醫), 기타노중학교, 간사이공업학교 등으로부터 학도동원이 있었습니다. 가장 위험하고 가혹한 터널 돌파작업에는 강제연행과 그밖의 수단으로 끌려온 3500명을 훨쩍 넘는 조선인노동자가 투입되어 많은 사상자가 발생했다고 전해지고 있습니다.

우리나라는 이 전쟁으로 많은 인명을 잃었고 나아가 아시아태평양지역의 사람들에게 커다란 재화와 고통을 안겨줬다는 사실을 잊어서는 안됩니다. 비참한 전쟁을 두 번 다시 반복하지 않도록 항구평화의 다짐을 새롭게 하며 전후 50주년 오사카부기념사업으로 여기에 이 명판을 설치합니다.

표지석에는 지하공장이 위치한 곳을 한눈에 알아볼 수 있도록 간략한 지도가 그려져 있다.

표지석 앞에서의 간단한 지역설명과 지하공장에 대한 설명을 마친 후 선생님은 바로 옆에 있는 사물함의 자물쇠를 열었다. 그 안에는 흰색의 안전모가 수북이 쌓여 있었다. 한 사람 한 사람 안전모를 받아들고 머리에 착용하자 '금당교琴堂橋'라는 다리를 건너 이동이 시작되었다.

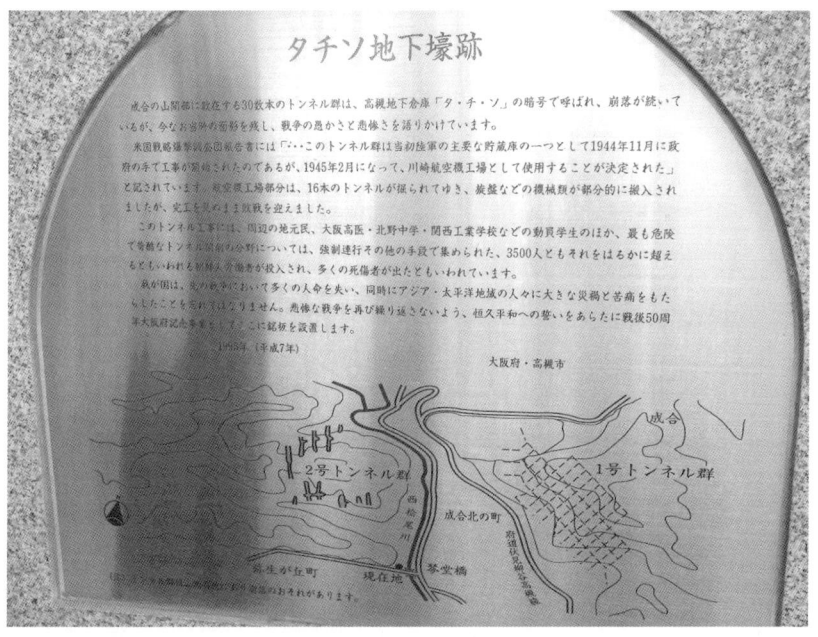

[사진Ⅳ-9] 설명문 지도에서 보면 좌측이 '2호 터널군', 우측이 '1호 터널군'이다. 필자가 견학을 한 곳은 좌측의 '2호 터널군'의 일부이다.

[사진Ⅳ-10] '다·치·소'표지석 앞에서 제공된 안전모를 쓰고 '다·치·소'를 향해 '琴堂橋'를 건너는 모습

[사진Ⅳ-11] '다·치·소'가 있는 산속으로 이동하는 모습. 일반인들은 도저히 찾아갈 수 없는 등산로 조차 없는 지역이었다.

주택가를 벗어나면 논밭 사이로 집들이 몇 채씩 띄엄띄엄 있는 한적한 시골풍경으로 변신하는데 무리지어 이동하는 하얀 안전모의 사람들을 눈여겨보는 사람 한 명 없이 너무나 조용하다. 한 15분 정도를 걸어가자 전면에 푸른 숲이 우거진 산등성이에 도착하였다. 민가는 모두 사라지고 사방이 산에 둘러싸였다. 이런 곳 어딘가에 전쟁시기 구축된 지하공장이 있을줄이야 그 누가 상상이나 할 수 있을까. 언뜻 그런 생각이 들자 역시 전문가의 인솔 없이는 도저히 접근할 수 없는 곳이라는 것을 새삼 느꼈다.

이번에는 산행이다. 항상 사람들의 발걸음이 잦은 일반적인 등산로가 아니다보니 길이 없다. 온통 잡목과 수풀들로 무성하다. 행여나 방향을 잃을까 신경이 곤두선다. 선생님도 일행들을 염려하여 간간히 발걸음을 멈추고 돌아보며 보조를 맞춘다. 앞선 사람들의 이동경로와 나뭇가지를 피하는 몸동작을 잘 관찰하면서 따라 가기를 한참. 길을 잃지 않으려고 따라가는 데만 정신이 팔려 사실 얼마나 시간이 지났는지도 잘 모르겠다.

[사진Ⅳ-12] '다·치·소' 중 한 곳의 모습. 입구가 나무 뒤에 위치하고 있어서 겉으로는 확인하기 쉽지 않다.

[사진Ⅳ-13] '다·치·소' 중 한 곳의 내부 모습. 터널입구를 콘크리트로 보강하여 견실하게 축조한 흔적을 볼 수 있다.

숲속의 비밀공장

인솔하신 선생님이 마침내 걸음을 멈추고 답사자 일행을 향해 몸을 돌렸다. 약간 높은 위치에서 답사자들을 내려다보며 모두에게 들리게 큰소리로 설명을 시작했다. 밑에서는 잘 보이지 않지만 이 나무 아래쪽으로 지하공장의 입구가 있다고 한다. 연혁과 시기 등 설명이 이어진 후 길이 미끄러우니 발조심하라는 당부가 있었다. 이윽고 선생님의 몸이 잠시 솟구치는가 싶더니 홀연히 사라졌다. 그 뒤를 이어 답사자들의 모습도 하나 둘 사라지기 시작했다. 그건 마치 거대한 산속으로 빨려 들어가는 느낌이었다. 모두가 사라진 나무 밑둥을 향해 올라보니 과연 시커먼 동굴이 입을 떡하니 벌리고 있다.

동굴은 칠흑같은 어둠에 싸여 있었다. 준비해 온 랜턴에 스위치를 올리자

동굴속은 입구와는 전혀 다른 세계가 펼쳐졌다. 돔형의 천정과 넓은 폭의 공간. 기계가 장착되어 작업할 수 있을 정도의 꽤 넓은 공간이다. 모두가 동굴 안으로 들어왔을 때 쓰카사키 선생님이 랜턴의 스위치를 잠시 꺼보라고 한다. 스위치를 끄자 순간 바로 앞의 사람도 분간할 수 없을 정도의 어둠이 내려앉았다. 선생님은 이 어둠속에서 작업했을 당시 조선인 노무자의 혹독한 노동과 고난을 상상해 보라고 한다. 그리고 그분들과 침략전쟁으로 목숨을 잃은 희생자들을 위해 모두 고개숙여 묵념을 올렸다.

[사진Ⅳ-14] '다·치·소'의 입구. 비교적 입구가 잘 드러난 곳의 전경.

[사진Ⅳ-15] '다·치·소' 내부에서 밖을 내다본 모습. 안해룡 촬영

굴속의 습한 기운과 흙냄새. 장소가 전쟁수행을 위해 급속하게 진행된 강제동원의 현장이기 때문인지 그 습한 기운은 노동자들의 거친 숨소리와 땀냄새인 듯 답사자들을 압도했다. 인솔자가 다음 장소로 이동하기 위해 입구로 향하자 다들 서둘러 인솔자 뒤를 따른다. 그것은 마치 이 답답하고 축축한 장소를 속히 벗어나려는 몸부림과도 같았다.

[사진Ⅳ-16] '다·치·소' 내부는 성인이 선 채로 작업할 수 있을 정도의 높이와 너비가 갖추어져 있다. 안해룡 촬영

동굴 밖으로 나왔다고 해도 금세 상쾌해지지는 않았다. 아마도 8월 한여름의 높은 기온과 숲속의 축축함 때문인 것 같았다. 그래도 동굴보다 나았다.

전시기 지하공장을 견학한다는 생각에 약간의 설렘과 그리고 궁금증으로 시작된 답사가 지하공장을 보고난 후에는 사뭇 달라졌다. 다들 각자의 감상으로 지금 막 자신의 눈으로 발로 손으로 오감을 동원해 확인한 현장을 곱씹는지 답사를 끝내고 돌아오는 길에 아무 말이 없다. 현장을 안내하며 상세하게 설명해 준 인솔자 선생님도 조용하다. 한참 동안을 그리다 처음 안전모를 배급받았던 '다·치·소' 표지석 앞에 도착하자 안전모를 벗으면서 조금씩 대화가 시작됐다. 굳은 얼굴에도 살짝 미소가 돌아왔다. 일순 많은 생각에 잠기게 하는 현장은 역시 다르다. 오사카 근처의 전쟁유적에 관심이 있다면 버스에 몸을 싣고 한번 와 보기를 추천한다.

'다·치·소' 가는 방법

☞ JR다카쓰키(高槻)역에서 출발 : JR도카이도혼센(東海道本線) 교토(京都) 행⇒다카쓰키역에서 하차 남쪽출구로 역사를 빠져나와 버스정류장으로 이동⇒다카쓰키 시영 버스승차⇒나리아이(成合) 나카마치(中町)에서 하차⇒길을 건너 나리아이(成合) 니시노초(西町)주택가 도로변을 오른쪽에 작은 강을 끼고 도보로 이동⇒주택가가 끝나고 산림으로 이어지는 경계부터 '다·치·소'지구

쓰카사키 마사유키(塚崎昌之) 선생님의 한마디

문) 선생님이 조선인 강제동원을 연구하게 된 계기는 무엇인지요?

저는 '다카쓰키 [다치소]전적 보존의 회'에 처음부터 참가한 것은 아닙니다. 제가 조선인 강제동원에 관여하게 된 계기는 1993년의 일로 당시 제가 근무하던 고등

학교 코리안 문화연구회 학생들과 조선인 노동에 의해 만들어진 학교 근처의 해군 야마다山田지구 지하탄약고(현존하지 않음)를 조사하면서입니다. 그 당시 그 부속시설이던 해군 아이安威 지하창고가 다카쓰키시에 인접한 이바라키(茨木)시 아이지구에 현존하고 있음을 알았습니다. 그 후 이바라키시 주민, 이바라키시에 근무하는 사람들과 조사를 진행하면서 건설에 강제동원된 교토재주 조선인 분들과도 만날 수 있었습니다. 그 결과를 토대로 『故郷への轍-大阪府茨木市安威地下トンネルは語る-(고향으로의 행적- 오사카부 이바라키시 아이 지하터널은 말하다)』를 발간하였습니다. 아울러 이바라키시내 초중고등학교용의 교재를 개발함과 동시에 이바라키시에 요구하여 이바라키시 교육위원회가 비디오 '50년만의 증언'(10분)을 제작하여 시내의 모든 초중학교와 도서관에 배포했습니다. 또 같은 해에는 오사카부가 건립하기로 한 전후 50년 '전쟁의 상흔'을 전하는 명판 문장에 대해 교섭하여 조선인의 '강제연행' '가혹한 노동' 등의 문구를 행정이 만든 명판으로는 전국에서 처음으로 기재하게 되었습니다. 이듬해 1996년에는 '[이바라키시 아이지구에 전쟁과 평화를 배우는 공원을] 이바라키 시민의 회'(약칭 '피스 아이')를 결성, 이바라키시와 관련된 가해의 역사를 조사하는 등 다양한 활동을 전개했습니다(상세한 내용은 해산 시 제작한 『ピースあい14年の歩み(피스 아이 14년의 발자취)』에 기재).

'다카쓰키「다·치·소」전적보존의 회'와는 이웃이기고 하고 결성직후부터 자매단체라는 점에서 협력하며 강연회와 필드워크 등의 활동을 해 왔습니다. 그리고 제가 '다·치·소'의 조선인 노동자에 관한 경찰자료를 방위성 방위연구소 부속도서관에서 발견하였습니다. '피스 아이'는 지하호 견학이 지역의 허락이 없어서 실현할 수 없게 된 사정도 있어서 2010년에 해산하게 되어 그 주요멤버들은 '다카쓰키「다·치·소」전적보존의 회'에 합류하였습니다. 저도 그 중 한 명입니다.

문) 시민의 회 연혁에 대해 알려주세요

'다카쓰키「다·치·소」전적 보존의 회'는 1990년 4월에 설립. 회장 宇津木秀甫 _(향토사학자, 동화작가), 회원수 300명. 그동안 서적출판, 조선인 중국인 강제연행 강제노동 전국교류회 등 참가. 1995년 전국대회 주최. '다·치·소' 부근의 사찰에 있었던 조선인 유골 3위 중 1위는 유족에게 봉환하고 2위는 '망향의 동산'에 매장. 오사카부가 건립한 전후 50년의 '전쟁의 상흔'을 전달하는 명판 문장에 대해 교섭하여 비문에 '강제연행'의 문장을 반영시킴.

문) 시민 모임의 현재 활동은?

회보의 편집·발행, '다·치·소' 전적의 견학·학습회·사진전 개최, 사진집 『消えてい く戦争 70年目のタチソ(사라져 가는 전쟁 70년째의 다치소)』 발간, 다카쓰키에서 개최된 전쟁전시회에 참가, 조선인 강제동원 강제노동에 관한 집회 후원 및 참가, 오사카 각지의 조선인에 관한 유적 필드워크 실시

문) 조선인 강제동원 현장에 대해 향후 계획이 있는지? 혹은 앞으로 이렇게 해야 할 것이다 라든지 의견이 있다면?

'다·치·소'전적은 현재 지하호의 천정이 붕괴되거나 폭우로 토사가 유입되거나 하여 점점 변형되고 있으며 위험해 지고 있습니다. 원래는 행정이 나서서 보존활동을 해야 하는데 예산규모가 방대하고 '전쟁책임론'등의 문제로 현재로서는 행정을 움직이는 것은 어렵습니다. 사진기록 영상기록 등을 남기고는 있지만 역시 현장을 견학하는 것이 전쟁유적의 의미, 조선인 노동의 가혹함을 이해하는데 가장 좋습니다. 어떻게 해야 안전성을 확보하면서 견학회를 실시해 나갈 수 있을지가 과제입니다. 그리고 안내해 줄 회원들이 고령화되어 가고 있어서 젊은층의 안내자를 육성하는 것도 급무입니다.

문) 시민 모임의 회원이나 선생님이 생각하는 '역사'란 어떤 것인지?

전쟁, 특히 가해의 '역사'를 알고 미래에 그 '역사'를 연결하여 두 번 다시 실수를 반복하지 않도록 하기 위해서는 각각이 당사자성·구체성을 갖고 어떻게 '역사'를 배워 갈 것인가 하는 것이 중요한 포인트입니다. 지금의 일본 젊은이들은 '완전 전후세대'라고 불리는데, 부모들도 전쟁체험이 없고 조부모 세대라고 하더라도 전장에 나간 적이 없는 사람들로 아시아태평양전쟁시기의 가해 체험을 들을 수 없게 되었습니다. '사람'이 전쟁을 이야기해 줄 수 없게 된 현상을 대신하여 '물

건'이 전쟁을 이야기하는 것, 다시 말해서 '다·치·소' 전적이라고 하는 전쟁유적의 존재가 점점 중요해지고 있습니다. 가까운 지역에도 '피해'의 역사뿐만 아니라 '가해'의 역사가 있고, 일단 전쟁이 일어나면 누구든지 '피해' 그리고 '가해'의 당사자가 된다는 사실을 알고 이해할 수 있게 되기 때문입니다. 따라서 일본 전국 각지의 사람들·연구자들과 손을 잡고 스스로가 주체적으로 '역사'를 알고 전쟁을 반복하지 않기 위해 행동해 나가는 젊은이들이 탄생하도록 전쟁유적 보존·공개 활동을 일본전체에 펼쳐나가고 싶습니다.

문) 한국의 독자나 미래 세대에 한 말씀 하신다면?

현재 일본에서는 국제적인 지위의 '저하'에서 오는 위기의식 때문인지 대부분의 연구자, 많은 시민들의 감각과는 전혀 다른 극히 일부의 사람들·단체들이 전전과 같이 자신들에게 유리한 '역사'를 만들어내어 이용하려는 움직임을 넓히며 정치를 움직이려 하고 있습니다. 우리들은 한국·중국 사람들을 비롯하여 동아시아 사람들과 교류하면서 서로 공유할 수 있는 역사관을 만들어 현재의 일본에서 나타나는 일본중심사관('대 일본병'이라고도 할 수 있는)을 극복하고 두 번 다시 동아시아에서 전쟁의 참화가 일어나지 않도록 노력해 나가고자 합니다. 한국에서도 한국중심사관에 빠지지 않고 객관적인 타당성을 갖는 '역사적 사실'을 파악하면서 동아시아 여러나라와 대화를 넓혀가기를 희망합니다.

> **쓰카사키 마사유키(塚崎昌之) 프로필** : 1956년 7월 27일생, 도쿄도(東京都) 출신. 고등학교 사회과 교사. 일본근현대사 전공, 재일조선인사, 군사사 연구자로 다수의 논문과 서적을 간행함

V

아이치현愛知縣 나고야시名古屋市, 미쓰비시三菱 조선여자근로정신대

나고야 미쓰비시·조선여자근로정신대 소송을 지원하는 모임
名古屋三菱·朝鮮女子勤労挺身隊訴訟を支援する会
http://www.geocities.jp/teisintainagoya/

아이치현(愛知縣) 나고야시(名古屋市)

일본의 중부지방, 아이치현愛知縣 나고야名古屋시에는 아시아태평양전쟁시기 항공기를 제작하던 미쓰비시三菱중공업 나고야 항공기제작소가 있다. 이곳은 국민학교를 갓 졸업한 조선의 어린 소녀들이 '근로정신대'라는 이름으로 끌려 온 군수공장이기도 하다. 소녀들 중에는 작업 중에 사고로 혹은 지진과 폭격으로 고향땅을 다시 밟을 수 없는 사람들도 있었다.

나고야에서 후학양성을 위해 교편을 잡았던 다카하시 마코토高橋 信대표는 이국의 어린 소녀들을 전쟁의 수렁 속에 몰아넣은 일본제국을 비판하며 소녀들에게 자행한 강제동원의 책임을 일본정부와 미쓰비시가 마땅히 져야 한다고 주장한다. 그리하여 '나고야 미쓰비시·조선여자근로정신대 소송을 지원하는 모임'을 결성하고 미쓰비시의 사죄와 배상을 요구하고 있다.

모임의 대표인 다카하시 선생님을 만나러 나고야시를 방문하였다. '조선여자근로정신대'라는 이름으로 강제동원된 소녀들의 발자취를 직접 확인하기 위해서였다. 정갈하게 정돈된 은빛 머리와 당당한 걸음걸이가 무척이나 인상 깊은 다카하시 대표가 한 손에 두툼한 사진파일을 들고 필자를 반갑게 맞아주었다.

조선여자근로정신대. 아마도 한국사람들에게 '정신대'라는 명칭은 자주 들어서 알고 있을 것이다. 하지만 '정신대'란 일본군에게 성적 학대와 노예와 같은 생활을 강요당한 일본군'위안부'로 이해하는 사람들이 거의 대부분일 것이다. '정신대'가 근로정신대를 의미하며 여성들의 노동력을 동원하기 위해 만들어진 조직이라는 것을 아는 사람은 그다지 많지 않다. 조선여자근로정신대라고 하면 현재 일본 시즈오카현靜岡縣 소재 동경 아사이토麻絲방적주식회사, 아이치현愛知縣 나고야시의 미쓰비시 항공기제작소, 도야마현富山縣 도야마시의 후지코시不二越강재주식회사 등을 대표적인 사례로 꼽는다. 나고야시는 미쓰비시 항공기제작소가 있었던 주요 군수도시 중 하나이다. 미쓰비시 항공기제작소는 '제로센'으로 유명한 해군 함상기를 생산했던 군수회사이다. 특히 미쓰비시 항공기제작소 오에大江 공장은 일본 에니메이션 회사 '스튜디오 지브리'의 작품 '바람이 분다'(2013)의 주인공이 항공기를 설계·제작했던 공장이다.[8]

미쓰비시 항공기제작소 도토쿠道德공장

필자를 맞이한 다카하시 대표가 제일 먼저 향한 곳은 '닛신보'라는 간판이 걸려있는 공장이었다. 전시기에는 미쓰비시가 '닛신보'를 매수하여 항공기제작소 도토쿠道德공장으로 사용한 곳이다. 1944년 6월경 조선여자근로정신대 '전남隊'가 이곳에 동원되었다. 광주, 목포, 순천, 나주, 여수 등지에서 동원된 소녀들이었다. '키46육군100식 정찰기' 생산이 그녀들의 임무였다.

사전에 회사측으로부터 방문허락을 받아놓았는지 정문의 경비실 직원은 대표와 인사를 나눈 후 방문자들의 입장을 허락하였다. 대표가 제일 먼저 필자를 안내한 곳은 커다란 추모비였다. 그것은 동남해지진으로 사망한 소녀들을 기리기 위해 건립된 것으로 '닛신보' 회사 정문 바로 옆에 있었다. 1944년 12월 7일 오후 1시 36분, 일본의 기이紀伊반도 동부에서 발생한 7.9의 강진으로 작업 중이던 근로정신대 소녀들이 건물붕괴로 희생을 당하고 말았다. 조선인 소녀는 6명.

8　堀越二郎, 『零戦―その誕生と光栄の記録』, 角川文庫, 2012.

[사진Ⅴ-1] 미쓰비시 항공기제작소가 있었던 닛신보(日淸紡) 도토쿠(道德)공장. 현장을 방문했던 시점에는 공장이 매각되어 조업하지 않고 있었다.

[사진Ⅴ-2] 미쓰비시 항공기제작소 도토쿠공장에서 지진으로 사망한 노동자를 추모하여 건립된 추모비. 조선여자근로정신대로 동원되어 사망한 조선인의 이름이 새겨져 있다. 추모비 건립경위와 내용 등을 설명하는 다카하시 대표.

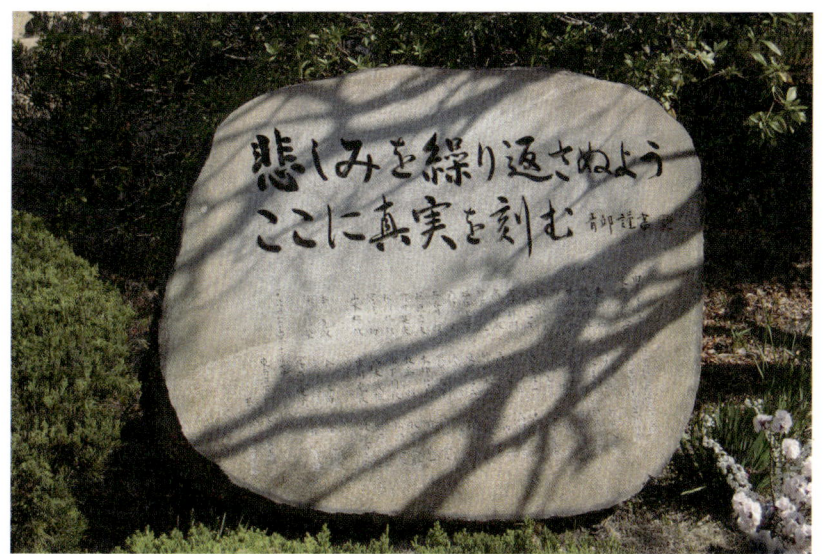

[사진Ⅴ-3] 추도비의 모습. "슬픔을 반복하지 않도록 여기에 진실을 새기다"라고 쓰여 있다.

　추모비에는 "슬픔을 반복하지 않기 위해 여기에 진실을 새기다"라는 글귀와 함께 희생자의 이름이 새겨져 있다. 다카하시 대표와 함께 현장을 안내하던 당시 일본인 생존자의 진술에 의하면, 공작기계를 하나라도 더 들여놓기 위해 건물을 지탱하던 기둥을 제거했던 것이 지진에 취약하게 된 것은 아닌가라고 설명했다. 지진은 피할 수 없는 자연재해임에 틀림없으나 소녀들의 희생은 인간의 탐욕이 낳은 인재였음을 말하고 싶은 것 같았다. 조선여자근로정신대의 강제동원 현장을 답사하기에 앞서 다카하시 대표는 우선 소녀들의 무고한 희생을 기억해야 한다고 생각한 것 같다. 추모비 건립 경위와 의미를 설명하는 또렷또렷하고 분명한 말투와 몸짓, 그 어느 것도 조선여자근로정신대 피해자에 대한 대표의 소신을 느끼기에 충분했다. 추모비 앞에서 소녀들의 희생을 생각하며 묵념을 올렸다.
　'닛신보' 공장 부지를 돌아보자 미쓰비시 항공기제작소 당시를 재현한 듯한 시설물들을 볼 수 있었다. 아래 사진에서 보는 바와 같이 공장건물들이 늘어서 있었고, 기숙사로 보이는 건물도 일부 확인되었다. 그런데 당시 건물은 남아 있지 않고 방문 당시 공장건물은 신축된 것이라고 한다. 다만 공장건물이 들어선 곳은 당시와 거의 다를 바 없다고 하기에 도토쿠 공장을 이해하는 데는 도움이 될 것 같았다. 한편 기숙사로 보이는 건물도 생존자들의 진술에 따르면 조선인 기숙사는 제4 능화료菱和寮였다고 하므로 이것이 조선인이 사용했던 숙소인지의 여부는 불분명하다.[9]

[사진 V-4] 미쓰비시 항공기제작소 도토쿠공장으로 사용됐던 공장부지의 모습. 공습으로 당시 건물은 모두 사라졌다고 한다.

---

9 일제강점하강제동원피해진상규명위원회 『조선여자근로정신대 방식에 의한 노무동원에 관한 조사』 2008년, 43쪽. 필자가 방문했을 당시 닛신보 회사는 조업이 중단된 상태였다. 이후 공장은 매각되어 '비바몰 나고야 미나미점'이 들어서 그 흔적을 찾을 수 없다. 동남해지진 시 사망한 소녀들을 위한 추모비는 인접한 '메이난(名南) 후레아이 병원' 부지내로 옮겨졌다.

[사진 V-5] '친화료'라고 쓰여진 건물. 기숙사의 일부로 판단된다. 공장기숙사의 모습을 이해하는 데 도움이 되기에 방문할 가치가 있다.

●● 미쓰비시 항공기제작소 오에大江공장

　다음으로 향한 곳은 미쓰비시 항공기제작소 오에大江공장. 해안을 매립한 곳에 위치한 이곳은 지금도 미쓰비시가 공장을 가동중에 있었다. 그런데 놀랍게도 그곳에는 당시 조선여자근로정신대 소녀들이 공장으로 행진하던 모습을 촬영한 장소가 그대로 남아 있었다. [사진 V-6]에서 보면 동일한 작업복의 소녀들이 줄지어 본사 현관 앞을 지나는 모습이 보이는데 그 당시의 건물 모양이 현재와 동일하다. 오에공장으로 동원된 소녀들은 충남지역(대전, 유성, 신탄진, 논산)출신이라 하여 '충남隊'라 명명된 소녀들이었다. 소녀들은 공장에서 떨어진 기숙사에서 생활하며 밤낮으로 공장을 오가며 작업에 투입되었다. 소녀들이 기거하던 기숙사 터가 있다하여 찾아갔다. 목표는 거대한 굴뚝. 현재 그 자리에는 목조로 된 2층의 낡은 건물이 서 있는데 당시 기숙사로 사용된 건물인지의 여부는 불분명하다. 다만 그 장소임을 확인해 주는 거대한 굴뚝이 당시나 지금이나 여전히 그곳에 있다.

[사진 Ⅴ-6] 미쓰비시 항공기제작소 오에공장. 좌측의 집단으로 출근하는 조선여자근로정신대의 당시 사진과 현재 모습을 비교한 모양. 당시 건물과 동일함을 확인할 수 있다.

[사진 Ⅴ-7] 당시 조선여자근로정신대가 사용했던 기숙사 터로 판단되는 장소의 모습. 오른쪽 굴뚝이 당시와 같은 장소에 그대로 남아 있다.

조선여자근로정신대를 기억하는 일본인 생존자도 만났다. 옛 기숙사 인근에서 이발사를 하고 있다는 일본인 M씨에 의하면 당시 중학생이었던 자신이 아침마다 열을 지어 공장으로 행진하던 조선인 소녀들을 목격하였노라며 당시의 상황을 설명해 주었다.

다음으로 방문한 곳은 나고야에 도착한 조선여자근로정신대가 참배했던 이쓰타熱田신궁이다. 앞서 미쓰비시중공업 히로시마조선소를 답사했을 때도 조선인 징용공들이 호국신사를 집단참배했던 사진을 설명했는데, 나고야시에 동원된 조선여자근로정신대의 경우도 도착하자마자 신사참배를 시작으로 동원지에서의 생활이 시작되었다. 마침 참배를 마치고 행진하는 조선여자근로정신대의 사진이 남아 있다. [사진Ⅴ-8]이 당시 촬영한 사진이고 [사진Ⅴ-9]가 현장을 방문하여 당시 행진하던 자리를 확인하고 있는 모습이다.

[사진Ⅴ-8] 신궁참배를 마치고 돌아오는 조선여자근로정신대 소녀들의 행진모습.

[사진Ⅴ-9] 아쓰타 신궁의 현재모습.

70여 년 전 학교를 갓 졸업한 어린 여학생들이 왔던 장소를 하나하나 되짚어 가는 동안 마음이 무거웠다. 지금은 팔순을 훌쩍 넘긴 할머니들이 되었지만, 당시 이곳을 지나던 10대의 어린 소녀들의 심경은 어땠을까. 상상만으로도 가슴이 미어지는 듯한 답답함과 암담함이 전해지는 듯 했다. 다카하시 대표가 이번에는 색다른 장소를 안내하겠다고 한다.

지하공장으로 둘러싸인 농촌을 가다

다카하시 대표가 운전한 승합차는 복잡한 나고야시내를 벗어나 국도에 들어섰다. 농촌마을과 넓은 들녘이 차창밖으로 나타났다 사라지기를 수 십분. 승합차는 이윽고 나지막한 구릉이 옆으로 길게 이어지는 어느 마을에 접어들었다. 논과 논 사이에 만들어진 도로를 따라 구릉으로 향하던 차는 넓은 빈터에 이르자 멈춰섰다. 그 일대가 지하공장이 세워진 곳이라며 간단하게 설명을 마친 다카하시 대표가 성큼성큼 앞장서기에 필자 일행은 그 뒤를 부산스럽게 따라갔다. 해가 구릉 중턱에 걸려있다. 다카하시 대표가 멈춰선 곳을 보자 그곳에는 시커멓게 입을 벌린 동굴이 하나 있었다. 대낮이지만 칠흙같은 어둠으로 한치 앞도 볼 수 없는 동굴내부로 손전등을 켜며 들어섰다. 이곳저곳으로 이어지는 넓고 긴 동굴. 어느 정도의 규모인지 가늠조차 어렵다. 그곳은 기후현岐阜県 가니시可児市 구쿠리久久利 마을의 지하공장이었다. 나고야시에 대한 미군의 대규모 공습을 피해 조성된 지하공장이다. 손전등에 의해 드러난 내부의 모습은 터널공사에 혹사당한 조선인들의 흔적으로 가득했다. 벽면 가득 촘촘하게 패어진 곡괭이 자국들. 얼마나 많은 곡괭이질이 있어야 이렇게 정교할 정도로 다듬어질 수가 있는 것일까? 홈 한 개 한 개 마다 조선인의 고통이 배어 있는 것 같아 나도 모르게 홈진 벽면을 어루만졌다.

[사진 V-10] 기후현 구쿠리 마을의 낮은 구릉들. 들길을 따라 이동하는 모습

[사진 V-11] 낮은 구릉에 면한 논밭과 농촌마을의 풍경.

[사진 V-12] 마침내 도착한 어느 동굴의 입구.

[사진Ⅴ-13] 동굴내부는 칠흑과 같이 어두웠는데 전등으로 내부를 비추자 넓은 공간과 높은 천정이 보였다.

[사진Ⅴ-14] 사람들의 곡괭이 자국이 무수히 남아 있는 벽면의 모습. 동굴전체가 곡괭이 자국으로 가득했다.

이곳에도 전장터로 끌려간 일본인 병사를 대신하여 조선에서 젊은 청년들이 대량으로 동원된 것은 말할 나위 없다. 한국정부가 2005년부터 2008년에 걸쳐 신고를 받아 조사한 결과에 의하면 기후현에 노동자로 동원되었다고 판정된 사람은 548명. 물론 한국정부에 신고한 사람의 경우이므로 실제 동원된 총수와는 다르지만 피해를 인정받은 사람 중에는 이곳 구쿠리 지하공장 건설에 혹사당한 사람도 있었으리라. 피해정도가 정확하게 몇 명에 달하는지 지하공장의 규모와 용도, 연혁 등은 어떠한지 밝혀야 할 과제다. 다카하시 대표는 이걸 말하고자 한 것 같다.

다카하시 마코토 대표는 지난 2017년 9월 14일, 고이데 유타카小出 裕 사무국장과 함께 광주시 명예시민이 되었다. 오랜 기간 한일 양국을 오가며 조선여자근로정신대로 동원된 할머니들의 명예회복을 위해 힘써온 공로를 인정받은 것이다.

다카하시 마코토 대표가 그간 활동해 온 발자취에 대해서 『전남일보』(2018. 7. 30.)에 기고한 기고문이 있다. 여기에 기고문을 게재하여 다카하시 대표에 대한 소개를 대신하고자 한다.(광주광역시 공공누리에 의함)

근로정신대 할머니들과 함께한 32년

1985년 4월 아이치현 아츠타(熱田) 고등학교 세계사 과목 교사로 부임했다. 진주만 공격에 출격한 99식 함상폭격기를 제조했던 아이치 항공기 옛 부지로, 아시아태평양전쟁 당시 세계사 최초로 2톤의 미군 폭탄투하에 의해 2천여 명 넘는 희생자를 낸 곳이다. 아이치현은 미쓰비시중공업 항공, 나카지마비행기, 아이치 항공기 등 전국 항공기의 40%를 생산하던 대표적인 군수공업 지역이다. '이 곳도 당연히 당시 조선인들에 대한 강제 연행이 있었지 않았겠느냐'라는 의문을 가지고 몇 명의 동료 고교 교사들을 중심으로 '아이치현 조선인 강제연행 역사 조사반'을 발족했다.

미쓰비시중공업 나고야 항공기 제작소 총무과로부터 1986년 10월 등사판에 인쇄된 약 400여명의 순직자 명단을 어렵게 입수했다. 명단을 통해 1944년 12월 7일 발생한 도난카이(東南海) 지진에 희생된 광주·전남 출신 근로정신대 소녀 6명, 학도 동원 13명을 포함한 57명의 희생자 이름이 처음 세상 밖으로 드러났다. '조사반'을 중심으로 추모비 건립 실행위원회를 만들어, 지진 발생 44년만인 1988년 12월 옛 미쓰비시중공업 나고야 항공기 제작소 공장 터에 뜻을 같이하는 시민들의 성금을 모아 '추모비'를 건립했다. 이날 제막식 행사에는 당시 지진에 목숨을 잃은 한국의 유가족 5명을 초빙해 함께 희생자들의 아픔을 달랬다. 이 무렵 우리는 한국의 현지 조사와 피해자들의 얘기를 통해 한국 사회에 '정신대는 곧 위안부'라고 오해하는 인식이 뿌리 깊게 있음을 확인했다. 이것 때문에 피해자가 자신의 피해 사실을 드러내는데 매우 두려워하고 있었다. 너무 가슴 아픈 일이었다.

일본정부와 미쓰비시중공업을 상대로 정식 소송을 제기하기까지는 10년이 넘는 세월이 걸렸다. 1999년 3월 1일 먼저 5명의 피해자가 소송을 제기했다. 1년 반 후 3명이 추가로 소송에 참여해 원고는 8명으로 늘었다. 1심에서만 22차례 심리를 거쳤지만, 아쉽게도 2005년 2월 24일 패소하고 말았다. 개인적으로 2003년 3월 참고인 신분으로 1시간 40분에 걸쳐 법정에서 진술할 기회를 가졌다. 공교롭게도 정년퇴직과 겹치는 바람에, 이날 96석인 법정 좌석의 1/3을 학교 제자들이 메웠는데, 한 신문은 이를 두고 '마지막 수업'이라고 보도했다. 고등법원에서는 7차례 심리가 이뤄졌는데, 2007년 5월 31일 또 다시 패소했다. 성과가 없지는 않았다. 한일청구권협정을 근거로 패소했지만, 재판부는 일본정부와 미쓰비시중공업에 의한 강제연행과 강제노동 책임을 인정하고 그 불법행위를 명확히 했기 때문이다. 이후 판결에 불복해 대법원에 상고했지만 2008년 11월 11일 대법원은 상고 청구를 끝내 기각하고 말았다.

도쿄 '금요행동'과 2개의 보물 나고야 고등법원 판결에 힘을 얻은 우리는 2007년 7월 20일부터 매주 '금요행동'(금요 원정시위)을 시작했다. 근로정신대 사건의 진실을 알리는 한편 미쓰비시가 자발적으로 사죄와 배상에 나서도록 촉구하기 위해 매주 금요일 도쿄 시나가와(品川) 역과 미쓰비시중공업 본사 앞에서 전개하는 홍보활동이다. 도쿄 시나가와(品川) 역에서는 아침 8시 15분부터 9시 반까지, 홍보

전단을 배포하고 휴대용 확성기를 통해 출근길 시민들에게 관심을 요청하고 있다. 이후 미쓰비시중공업 본사 앞으로 자리를 옮겨 10시 30분부터 12시까지 다시 현수막을 내걸고 행인들에게 전단지를 나눠주면서 침묵시위를 갖고 있다.

2007년 7월 시작된 금요행동은 7월 27일로 431회에 이르렀다. 국경일 등으로 미쓰비시중공업이 휴업하거나 신칸센 열차가 운행을 멈춘 날을 제외하고서는 한 번도 빠진 적이 없다. 미쓰비시와의 교섭이 있었던 2년간(2010.8~2012.7) 잠정 중단된 것을 제외하면, 이제 꼭 10년을 맞았다. 이 금요행동은 수도 도쿄, 사이타마, 그리고 도쿄에서 360km 거리에 있는 나고야 지역에 거주하는 회원들이 중심이 돼 지금도 계속되고 있다. 2013년부터는 히로시마, 오사카, 나가사키 등에서도 매월 1회 정기적으로 참여하면서 힘을 보태고 있다. 나가사키에서 도쿄까지 거리는 약 1200km 정도다.

돌아보면 '금요행동'은 2개의 소중한 보물을 남겼다. 하나는 2009년 3월 광주에 '근로정신대 할머니와 함께하는 시민모임'이 탄생한 것이다. '시민모임'은 지금까지 의욕적인 활동을 전개해 왔다. 광주광역시가 전국에서 처음으로 근로정신대 할머니들의 생활안정을 위해 피해자 지원조례를 제정하고 나선 뒤, 이 사례는 전남, 서울, 경기, 인천, 전북으로 확대되었다. 2010년 8월부터는 광주와 나고야의 두 시민단체가 서로 뜻을 모아 '한일 청소년평화교류'를 시작했는데, 광주시교육청에서 전면적인 힘을 보태고 있다. 미쓰비시를 상대로 한 피해자들의 소송도 새로 제기되었다. 한국 대법원이 2012년 5월 '피해자들의 개인청구권은 소멸되지 않았다'는 판단을 내린 것을 계기로, 광주지방법원에 3차에 걸쳐 소송을 제기했는데, 현재까지 재판에서 모두 승소했다. 원고 양금덕 할머니(광주) 등이 제기한 한 건은 현재 대법원의 최종 판결만을 남겨두고 있다.

다른 하나는, 미쓰비시중공업을 '협상' 테이블로 끌어낸 것이다. 미쓰비시중공업은 2010년 7월 마침내 근로정신대 문제와 관련한 협상 테이블에 나오겠다는 입장을 밝혔다. 일본의 대표적인 기업 미쓰비시중공업이 일제 강제연행 문제와 관련해 교섭 테이블에 나온 것은 최초의 사례였다. 이에 따라 2010년 11월 첫 교섭이 열린 것을 시작으로 2012년 7월까지 7회에 걸친 사전교섭, 16회에 걸친 본교섭을 개최했다. 교섭은 원고 측 5명, 미쓰비시중공업 측 5명씩이 참여했으며,

의사록 작성 시간을 포함해 통상 4~5시간이 걸렸다. 그러나 미쓰비시 측이 "한일청구권협정으로 이미 해결된 사안"이라는 입장을 끝내 고수함으로써 교섭은 끝내 결렬되고 말았다. 비록 교섭은 결렬됐지만, '금요행동'과 2년간의 교섭을 통해 미쓰비시는 피해자들의 존재를 결코 무시할 수 없게 되었다.

32년 세월동안 왜 이 싸움에 매달리느냐? 내가 한국 사람들을 만날 때마다 받는 질문이 있다. "당신이 책임져야 할 일도 아닌데 32년 세월동안 왜 아직도 이 싸움에 매달리느냐"하는 것이다. 답은 단순명쾌하다. 하나는 처음으로 근로정신대 피해 사실을 알게 된 가해국 시민으로서의 책임이다. 또 하나는 "인간은 실수를 저지르면 솔직하게 사죄하고, 배상을 해야 한다"라는 보편적 상식을 가르치던 교사이자 자녀를 둔 한 아버지로서, 이 '상식'을 지키지 않은 일본국가와 미쓰비시중공업을 절대로 용서할 수 없다는 것이다. 지금까지 이 일을 지속할 수 있었던 힘의 원천은 이 두 가지다. 어느새 병들고 노쇠해 버린 원고 할머니들을 만나 뵐 때 마다, 나는 이 두 가지를 다시 가슴에 새긴다.

광주 '시민모임'은 어느 자리에서 "광주와 나고야는 동지를 넘어 이제 하나다."라고 표현했다. 순간 말할 수 없는 어떤 감정들이 스쳐갔다. 1986년으로부터 32년 동안 나는 존경하는 벗 고이데 유타카씨(小出 裕. 일조협회 아이치현연합회 사무국장)와 함께 거의 모든 일에 관련되어 활동해 왔다. 미쓰비시중공업과 협상에서는 원고 측 대표를 맡았다. 내가 제기한 시민운동 이벤트도 적지 않다. 광주를 방문할 때는 원고 할머니를 찾아뵙는 것을 빼놓지 않는다. 재판 때마다 광주를 방문에 법정 방청을 하는 것은 물론이다. 지난해 5월 광주지방법원정에서 열린 재판에서는 일본인으로서 처음 참고인으로 출석해 진술하는 특별한 기회도 얻었다. 한 사람의 인간으로서 단지 상식을 실천해온 것들이 피해국 국민들에게 조금이라도 긍정적으로 평가된 것은 기쁜 일이다.

특히 지난해 9월 세계적으로 이름이 높은 '인권도시' 광주에서 명예시민증을 수상한 것은 분에 넘치는 영광이었다. 요즘 우리의 어깨에 놓여 있는 가장 고민은 다음 세대를 어떻게 이어 가느냐 하는 것이다. 그 첫 걸음으로 지난 5월 '아이치현 평화위원회 청년부' 회원 17명과 함께 광주 5.18 사적지를 돌아보는 프로그램을 기획한 바 있다. 개인적으로는 1988년 한국을 처음 방문한 것으로부터 시작해 105번째 한국방문이었다.

7월 말에는 한일청소년평화교류 일정으로 광주에서 20명의 고등학생들과 6명의 인솔교사가 아이치를 방문한다. 올해로 9기다. 32년을 돌아보면서 다시 한 번 되새겨 보는 말이 있다. '지속하는 것이야말로 힘이다. 포기하지 않을 때만 행운도 따른다.'

다카하시 마코토(高橋 信) 프로필 : 1942년 7월 21일생, 아이치현(愛知縣) 나고야시(名古屋市) 출신. 아이치현립 고등학교 교사(세계사). 1986~87년 아이치현 조선인 강제연행 역사조사반 활동으로 조선여자근로정신대 피해를 알게 됨. '도난카이 지진 희생자 추도기념비' 건립.

VI

도야마현富山縣, 후지코시不二越 조선여자 근로정신대를 아시나요?

제2차 후지코시 강제연행·강제노동 소송을 지원하는 북륙연락회
第二次不二越強制連行・強制労働訴訟を支援する北陸連絡会
http://fujisosho.exblog.jp

도야마현(富山縣) 도야마시(富山市)의 위치

후지코시不二越강재회사가 있는 도야마시富山市를 방문한 것은 여전히 겨울 끝자락의 한기를 느끼게 하는 3월의 어느 날이었다. 도로 한가운데서 샘물처럼 뿜어져 나오는 물과 질척하니 녹아내린 눈을 쳐다보며 조심조심 발걸음을 옮겼다. 눈이 많은 지역이다 보니 이를 녹이기 위해 샘물같은 장치가 고안된 모양이다. 멀리를 바라보니 병풍같은 높은 설산이 시가지를 에워싸고 있다. 그 모습이 장대함을 넘어 위협적이기까지 하다. 다테야마立山라고 한다. 딱 어울리는 이름이다 싶었다. 후지코시에 조선여자근로정신대로 동원된 14~16세 조선의 어린 소녀 제2진이 도야마시에 당도한 것이 1945년 2월의 일이었으니, 그 추위는 내가 겪은 것 이상이었을 것이다.

도야마 후지코시를 가다

도야마현富山縣의 후지코시강재주식회사는 아시아태평양전쟁 시기 기계공구와 기계부품을 생산하던 곳이었다. 후지코시는 군수품생산에 투입되는 부족분의 노동력을 조선의 어린 여학생으로 충원하였다. 일명 조선여자근로정신대라고 하는 강제동원의 한 방식이었다. 동원된 여학생수는 총 1089명(1945. 5. 말). 1944년과 1945년 두 해에 걸쳐 서울, 경기, 개성, 전남, 전북, 경남, 경북, 충남, 충북에서 동원되었다. "일본에 가면 상급학교에 진학시켜 주겠다" "밥을 배불리 먹을 수 있게 해 주겠다"고 속여 응하게 된 소녀들이었다. 그러나 일본에 도착하자마자 그녀들을 기다리고 있었던 것은 12시간의 중노동과 겨우 연명할 정도의 배식이었다. 소녀들의 주된 작업은 선반旋盤기계 등의 부품생산, 부품검사, 부품포장 등이었다.

필자는 소녀들이 동원된 후지코시강재주식회사 현장과 미쓰비시중공업 항공기제작소가 공습을 피해 이전한 도야마현의 공장을 보기 위해 현지를 방문하였다. 필자를 현장에 안내해 줄 '제2차 후지코시 강제연행 강제노동 소송을 지원하는 북륙연락회' 회원과 도야마역에서 만났다. 전철로 이동한 곳은 '후지코시역'. 사진에서 보는 바와 같이 간이 플랫폼으로 되어 있는 무인역이다.

[사진Ⅵ-1] '후지코시역'의 모습

[사진Ⅵ-2] '후지코시역' 바로 옆 후지코시 공장위치를 안내하는 입간판. 'NACHi 후지코시'라고 쓰여 있다.

그런데 무인역 앞 후지코시의 위치를 안내해 주는 대형 입간판이 있기에 올려 보았다. 'NACHi 후지코시'란다. 나치 라는 것은 독일의 나치를 의미하는가 싶어 의아해 하니, 안내해 준 선생님이 설명해 준다. 일본 국산 제1호 순양함이 '나치那智'였는데 거기서 따온 이름이라고. 그렇다고는 해도 굳이 입에 담기도 혐오스러운 독일의 나치와 같은 발음을 회사명으로 하다니 본색이 의심스럽다.

역에서 도보로 한 5분을 걸었을까. '주식회사 후지코시'라는 현판이 문설주 상단에 붙어있는 공장입구에 도착했다. 이곳이 조선여학생들이 동원된 군수회사였다는 생각이 들자 작은 현판이지만 무겁게 다가왔다. 처음에는 후지코시의 정문인줄 알았는데 북문이란다. 당시 소녀들이 숙소에서 공장으로 이동할 때 사용하던 통용문이었다(사진Ⅵ-3). 사유지라 함부로 출입할 수 없기에 문 앞에 선 채 고개를 길게 뻗어 안쪽을 들여다보았다. 제법 고풍스런 건물도 눈이 들어왔다. 그런데 지금은 당시 건물은 거의 없고 통용문 바로 옆의 붉은 벽돌 담장만이 그 당시의 것이라고 한다(사진Ⅵ-4).

[사진Ⅵ-3] 당시 조선여자근로정신대 소녀들이 숙소에서 공장으로 이동할때 출입했던 북측 통용문

[사진Ⅵ-4] 공장의 붉은 벽돌만이 당시의 것이라고 함

공장을 돌아 정문으로 나왔다. 정문에서는 오래전부터 조선여자근로정신대 강제노동에 대한 사죄와 미불임금 지급을 요구하는 운동이 있었던 때문인지 정문 안내소의 경계가 삼엄하다. 단지 정문을 응시할 뿐인데도 다가와서 무슨 용무인지, 어디서 왔는지 등을 캐묻는다. 무엇이 그다지도 두려운 것일까.

[사진Ⅵ-5] 후지코시 공장의 정문모습

[사진Ⅵ-6] 후지코시 공장을 내려다본 모습. 톱니모양의 지붕이 이채롭다.

경비원의 과민반응에 후지코시공장이 점점 더 궁금해졌다. 외부에는 절대 보일 수 없는 비밀이라도 있는 것인지, 갑자기 후지코시의 전경이 보고 싶어 근처의 약간 높은 빌딩에 올랐다. 그러자 채광과 공기순환을 위해 설계된 톱니모양의 공장지붕이 좌에서 우로 무수히 이어지는 광경이 눈앞에 펼쳐졌다. 과연 아시아태평양전쟁 당시 군수회사로 지정될 만큼의 규모를 자랑하고 있는 듯했다.[10] 마을도 공장 이름을 따서 '후지코시 마치'라고 한다. 말 그대로 '후지코시 마을'인 셈이다.

정문 앞으로 쭉 뻗은 길를 가다 우측의 '후지코시 병원'을 끼고, 좌측의 후지코시 공업고등학교가 있는 길로 들어서면 후지코시공장이 공장 밖으로 튀어나온 듯 일대가 온통 후지코시 일색이다. [사진Ⅵ-7]의 정면에 보이는 후지코시병원 앞의 넓은 공터에는 현재 후지코시 사원기숙사가 모두 들어서 있다. 이 길을 후지코시와 반대방향으로 계속 가다보면 좌우로 갈라지는 막다른 길이 나오는데 그곳에 넓은 운동장이 있다. 이 운동장은 70여 년 전 당시 조선여자근로정신대 대원들이 제식훈련을 받았던 곳이다.

---

10 [군수회사법]에 의한 1944. 1. 17. 제1회 지정 군수회사(총 149개사) 중 하나. '군수회사법'에 의해 지정을 받으면 회사에 근무하는 모든 직원, 노동자들은 '현원(現員) 징용'된 것으로 간주한다.

[사진Ⅵ-7] 멀리 중앙에 보이는 건물이 후지코시병원이고 우측이 후지코시 공업고등학교. 후지코시 정문에서 걸어오다 돌아서서 찍은 사진. 좌측의 넓은 공터에는 현재 후지코시 사원기숙사가 들어서 있다.

[사진Ⅵ-8] 우측의 그물망이 보이는 곳이 운동장인데, 조선여자근로정신대 소녀들이 이곳에서 제식훈련을 받았다고 한다.

미쓰비시 항공기제작소가 도야마에도

후지코시를 뒤로 하고 다음으로 필자가 방문한 곳은 도야마시에 인접한 이미즈시射水市였다. 아시아태평양전쟁 중 나고야시名古屋市에 있던 미쓰비시 항공기제작소가 미군의 공습을 피해 자리를 옮겼던 곳이다. 그로 인해 나고야시로 강제동원된 조선여자근로정신대도 이곳으로 이동되었다. '전남대隊'라는 이름으로 편성된 전라남도 출신 소녀 135명이 이곳에 배치되었다. '전남대'란 전라남도에서 동원한 여자근로정신대를 부대명처럼 호칭한 표현이다. 아래 사진과 같이 현재는 도요보라는 방적회사로 변경되었지만 당시에는 미쓰비시 항공기제작소 다이몬大門공장이었다. 이곳에는 여자근로정신대 외로 조선인 남자도 상당수 동원된 것으로 파악되어 주목된다.

[사진Ⅵ-9] 미쓰비시 항공기제작소 다이몬(大門)공장의 옛터. 지금은 도요보 방적회사 쇼가와(庄川)공장으로 바뀌었다.

[사진Ⅵ-10] 미쓰비시 항공기제작소 다이몬 공장의 모습. 공장건물은 신축되어 당시 모습은 거의 찾아볼 수 없다고 한다.

다이몬 공장은 원래 구레하(呉羽)방적 다이몬 공장이었다가 1944년 6월 구레하(呉羽)항공기 공장으로 매각된 것을 미쓰비시가 임대한 것이다[11]

다이몬 공장에는 노무자들을 수용했던 기숙사가 남아 있다. '하쿠산료'라는 이름의 2층 목조건물인데, 당시 숙소로 사용된 건물의 모습을 엿볼 수 있다. 현재는 지역민들을 위한 공방으로 사용중이다.

---

11 일제강점하 강제동원피해 진상조사위원회, 『조선여자근로정신대' 방식에 의한 노무동원에 관한 조사』, 2008, 82쪽.

[사진Ⅵ-11] 미쓰비시 항공기제작소 다이몬공장에 있던 기숙사 '하쿠산료'

[사진Ⅵ-12] 기숙사는 일부가 증축되어 현재 지역민들의 공방으로 사용중이다.

미쓰비시 항공기제작소는 다이몬공장에만 있었던 것은 아니다. 이밖에도 다이켄大健산업주식회사 이나미井波공장과 난토시南礪市의 후쿠노北野공장을 각각 임대하여 항공기제작에 나섰다. 단 이나미 공장에는 조선여자근로정신대는 없었던 것으로 보이고 난토시의 후쿠노 공장에는 '충남대' 137명이 배치된 것으로 확인된다.

[사진Ⅵ-13] 미쓰비시 항공기제작소가 임대했던 이나미(井波)공장의 현재 모습. 이곳도 공장지붕이 톱니형태로 되어 있어 이채롭다.

도야마현은 나고야 미쓰비시 항공기제작소가 공습을 피해 도야마현으로 이전하는 바람에 후지코시 강재주식회사를 포함하여 조선여자근로정신대의 대표적인 동원지가 되었다. 따라서 도야마현을 방문하면 도야마시富山市 후지코시강재와 함께 인접한 이미즈시射水市 다이몬, 난토시南礪市 후쿠노에서 각각 조선여자근로정신대의 역사를 되돌아볼 수 있다. 조선여자근로정신대와 밀접한 관계가 있는 도시다.

[사진Ⅵ-14] 미쓰비시 항공기제작소가 있었던 난토시의 후쿠노(北野)공장.

도야마의 조선여자근로정신대에 대해 답사를 원한다면 필히 '제2차 후지코시 강제연행 강제노동 소송을 지원하는 호쿠리쿠(北陸)연락회'에 연락하길 권한다. 강제동원의 현장과 더불어 피해자 소송의 역사와 현황 등 조선여자근로정신대에 관한 상세한 설명과 안내를 받을 수가 있다. 다음은 동 연락회의 사무국을 지키는 나카가와 미유키(中川美由紀) 선생님의 설명이다.

나카가와 미유키(中川美由紀) 선생님의 한마디

1. 모임연혁과 결성의 계기

제2차 소송제소는 2003년의 일로 이는 제1차 소송의 승리와 화해를 얻어낸 다음에 시작되었습니다.

제1차 소송은 1992년 9월 김경석 씨(일본강관소송원고/태평양전쟁한국인희생자유족회회장, 강제동원피해자)가 단장이 되어 강원도 유족회 중 후지코시(不二越)에 강제동원된 3인(여자근로정신대 2명, 남자징용공 1명)이 원고로 도야마(富山) 지방법원에 제소하여 싸워왔습니다. 단장과 원고 4명이 도야마 후지코시본사에 면회를 요청했으나 후지코시는 "당시에 대해 아는 바 없다"며 면담을 거절했습니다. 4명은 공장부지내에 현수막을 걸고 시위하였습니다. 하얀 치마저고리 모습의 피해자가 분개하며 땅을 치고 우는 모습이 지역 뉴스에 대대적으로 보도되었습니다. 피해자들은 후지코시의 불성실한 대응에 화가나 원고단을 결성하여 소송할 것을 결심하였습니다. 그 때 동행했던 일본인 지원자들이 '지원하는 모임'을 결성했던 것입니다.

'식민지지배·강제연행·전후를 생각하는 연락회'(약칭 '후지코시 소송 연락회')의 결성

마침 그 무렵 저희들은 '식민지지배·강제연행·전후를 생각하는 연락회'를 결성하여 활동하기 시작한 때였습니다.

저희들은 일본(국가·기업)의 책임을 추궁함과 동시에 일본민중에게 가해책임을 주체적으로 자각시키면서 오히려 강제연행책임을 추궁하는 운동은 "두번 다시 침략자가 되지 않도록 하는 시대적인 투쟁"으로 모임의 운동이 필요하다고 생각했습니다. 전후 일본은 '식민지 지배의 연장'이자 전전 대일본제국주의의 기본 골격이 연명하고 있습니다. 일본헌법에서는 '기본적 인권, 평등, 평화주의'를 주창하고 있습니다만, 국적조항으로 '재일'코리언은 '법망 외'에 놓여져 공민권도 박탈당하고 있습니다.

전범기업과 특별경찰, 치안유지법의 사법, 매스컴, 관료기구, 기시 노부스케를 포함한 많은 전범들이 석방되었습니다. 후지코시 군수공장이 저지른 강제연행의 전쟁범죄도 방치된 상태입니다. 저희들은 후쿠이현에서 지방참정권소송을 전개해 온 이진철 씨 등 '재일'한인을 공동대표로 모임을 만들고 운동의 내용을 정리해 갔습니다. 후지코시소송의 제 1심 재판에 '식민지지배·강제연행·전후를 생각하는 연락회'는 도야마대학 학생들과 함께 매회 빠짐없이 방청하였습니다.

그런데 당시에는 저희들도 눈치채지 못한 원고단과 시민모임간의 균열이 있었습니다. 원고단은 "재판관의 심증을 확보하려"는 생각으로 후지코시 부지내에서 연좌농성을 했는데 이를 억제하는 시민모임에 대해 불신감이, 일본에 대한 불신감이 있었던 것입니다. 1심판결 전에 이런 관계가 정점에 달해 원고단은 일본의 지원운동을 비판하고 규탄하며 '결별선언·소송 종결'을 생각하고 있었습니다. 이러한 사태을 우려한 고령의 시민모임 회원으로부터 "단장인 김경석 씨와 만나 이야기를 해보라"는 요청이 있었습니다.

원고단과 함께

단장인 김경석 씨는 "한국의 독립운동은 진행중이며 '제2의 독립운동'으로서 전쟁범죄를 모르쇠하는 일본과의 투쟁"이라는 원칙적인 입장을 설명했습니다.
이는 저희들의 생각과도 일치하기에 승리를 향해 함께하기로 약속했습니다. 저희들은 모임의 이름을 약칭 '후지코시 소송 연락회'로 하고 다음과 같은 내용을 함께 인식했습니다.
소송은 대중적인 지지를 기초로 하여 투쟁의 원칙을 고수하기 위해서도 광범위하게 투쟁한다. 강제연행을 부정하는 기업에 대해 "미불금을 지불할 것"이라는 형태로 법정 증언이나 집회, 대중선전으로 식민지지배와 강제연행을 폭로하고 기업범죄와 국가를 추궁한다. "후지코시의 약점은 정문앞"이라는 인식 하에 강제연행의 현장이자 "후지코시 부지내에 들어갈 당연한 권리를 원고들은 갖고 있다"는 의미로 정문앞 투쟁을 전개한다. 운동은 '힘있는 투쟁'이어야 한다는 생각으로 법정투쟁과 현장 투쟁을 결합시킨다(자세한 내용은 '승소화해보고집' 참고.)
지방법원 판결 당일, 저희들은 처음으로 법원앞에 현수막을 걸어놓았습니다. 부당판결을 규탄하고 구호를 외치며 원고와 함께 분노하였습니다. 저희들 모임과 원고단이 단결을 강화하면서 공소심(나고야 고등법원 가나자와 지부)이후 후지코시 정문앞 투쟁(부지에 들어가 항의하며 미불금 지급 등 요구)이 연일 계속되었습니다. 재판후에는 윤봉길 의사 암매장지를 방문하여 '제2의 독립운동 보고'를 행했습니다. 주주투쟁이나 전국적인 확산, 국회의원 독려 등 여러 가지 투쟁을 전개했습니다.
그리고 원고단의 목숨을 건 투쟁으로 정문앞 무기한 단식으로 후지코시를 압박하였습니다. 후지코시는 대화를 요청해 왔습니다. 수면 밑으로 화해교섭이 진행되던 중 권력에 의한 방해공작으로 모임에 대한 대탄압(사무국 체포, 관계자 20명 가택수색과 취조)이 있었습니다. 이런 것들을 모두 물리치고 2000년 '화해'를 얻어냈습니다. 후지코시와의 본격적인 싸움(2차)을 위한 토대를 마련한 것이지요.
(참고 「보고서 후지코시강제연행미불금소송 대법원 '승리 화해'에서 새로운 싸움으로」)

제2차 소송 2003년의 시작

한국에서는 행정기관의 도움을 받으며 후지코시 피해자를 모았습니다. 참가를 희망한 23명의 피해자들로 원고단을 꾸렸습니다.
2002년 '제2차 후지코시 강제연행 강제노동 소송을 지원하는 북륙연락회'를 결성했습니다. 공동대표는 제1차부터 함께한 이진철 씨, 渡部敬直(목사), 이와테야 스쿠니소송원고), 漆崎英之(목사) 씨를 공동대표로 하고 약 200명의 개인회원으로 출발했습니다.
활동은 재판 준비(원고 증언, 소송에 필요한 자료 등 변호단 보좌)와 원고의 증언집회, 지원자 확대를 위한 강연회, 학습회 개최, 주주투쟁등입니다. 제2차 후지코시투쟁에서도 원고단과 함께 정문앞행동을 주축으로 한 투쟁, 동경본사와 동경집회 등 전국적인 운동도 전개했습니다.

2. 현재 활동이나 에피소드

2010년 일본 최고재판소(대법원)에서 원고 기각결정이 났습니다. 원고단과 저희들은 성명서를 내고 "승리할 때까지 싸우겠다"는 결의를 분명히 했습니다.
2013년 원고단은 서울로 무대를 옮겨 서울지법에 제소했습니다. 연락회는 변함없이 한국소송의 지원과 후지코시 강제동원현장인 정문앞 투쟁을 계속하고 있습니다. 이 싸움은 우익이 총결집하여 헤이트 스피치를 하고 군함행진과 진군나팔 등으로 집요하게 방해활동을 하는 사태로 번졌습니다. 그들은 후지코시의 응원단이자 아베 극우정권의 첨병이 되어 활동하고 있습니다. 아베정권의 역사왜곡이라 하면 침략의 역사를 부정하고 대동아공영권 사상은 좋았다, 강제연행은 없었다 라는 것입니다. 일본이 새로운 침략으로의 군사대국화를 꾀하는데 저항하는 한가지가 후지코시 강제연행 피해자와 한국소송이며 일본 후지코시 책임을 추궁하는 투쟁인 것입니다. 전국적인 관심을 모으며 점점 발전하고 있습니다.

2015년 11월에는 3일간 동경에서의 집회와 동경본사 행동을 거행했습니다.

2016년 3월, 10월에도 동경본사행동을 거행했습니다. 원고측 할머니는 "일본은 전쟁중이나 지금이나 하나도 변하지 않았다"며 본질을 꿰뚫는 발언을 했습니다. 재침략을 저지하는 중요한 임무를 '후지코시 강제연행 책임추궁 투쟁이 담당하고 있다'고 새삼 긴장했습니다.

저희들의 모임은 개인 회비와 지원금으로 운영되고 있습니다. 재정적인 점에서 여유가 없어 도일하시는 원고를 호텔에 모시지 못하고 연락회 사무소에 모시고 있습니다. 낡은 주택에서 식사를 준비하고 침식을 함께 하고 있습니다. 지원자들로부터 손수 만든 식사가 제공되고 스님께서는 과일을, 변호사님은 맛사지를, 회원 의사님은 맥을 짚어 주셨습니다. 15여 년간의 싸움과 교류로 맺어진 관계로 지원자들에게는 친부모나 친어머님과 같은 존재입니다. 80세를 넘는 할머니의 싸우는 모습은 저희들로서는 귀중한 존재입니다. 일본에서나 한국에서나 그분들의 존재를 알고 이야기에 귀를 기울여 주었으면 합니다.

2015년부터 광주 고등학생들과의 시민교류도 시작했습니다. 고등학생들이 후지코시 터널공장터를 견학하고 "동굴을 만드는 노동에 동원된 동포들을 생각하면서 곡괭이 자국을 보니 뭐라 형언할 수 없는 기분입니다."라며 눈물을 흘리며 말하던 일이 생각납니다. 학생들의 감성에 새삼 놀라는 한편 우리들의 무뎌진 감성에 신선한 바람을 불어주었습니다. 귀중한 만남이었습니다.

벌써 20년전이 되었습니다만 고 김경석 씨가 "내 선배들이 싸우다가 돌아가셨다. 창피하게 살아남은 우리들이 어떻게 살다 죽느냐이다"라며 정문앞 단식투쟁을 앞두고 말했습니다. 많은 조선인들이 식민지지배 하에 조선에서 일본으로 건너왔습니다. 과거는 현재이자 미래입니다. 그 말씀은 우리 일본인에게 건네는 질문이었습니다. 저희들도 이 말씀에 부끄러움이 없는 인생을 살아가고 싶습니다.

3. 강제동원현장에 대한 계획

'강제연행 현장을 지키는' 운동으로 매월 후지코시 도야마 본사 정문앞 행동을 거행하고 있습니다.

한국 고등학생과의 교류를 지속하면서 후지코시 지하터널 공장터, 고마키댐 등 현장답사를 실시했습니다. 특히 윤봉길 의사 암매장지 방문은 중요했습니다. 윤봉길 의사를 참배할 때 묘지를 지키는 김병권 씨로부터 처형장소(현재 자위대 기지내) 안내가 있었습니다. 산중에서 처형된 윤의사의 피범벅이된 유해를 끌고온 상황이 설명되었습니다. 상상이상으로 처참하였던 것 같습니다. 그리고 윤의사의 유해를 많은 사람들이 지나는 폭 1미터의 좁은 길에 '매장'하였습니다. 상하이에서 폭탄 피해를 당한 일본군부의 윤의사에 대한 증오심과 공포감의 정도를 느꼈습니다. 현재 윤봉길 의사의 묘지(재일한인과 양심적인 일본인이 건설)를 우익들이 철거하라고 시장을 압박하고 있습니다. 식민지 지배를 정당화하는 일본 우익정권을 한일이 절대로 막아야 합니다.

4. 역사에 대한 생각

'일본의 역사'를 말하려면 조선침략이 없는 [근대일본]은 존재하지 않습니다. 조선의 모든 토지와 자원을 수탈하고 국민들을 괴롭히면서 일본제국이 성립되었습니다. 재벌은 전쟁과 함께 거대해졌습니다. 일본은 아시아 동단의 섬나라입니다. 근대일본의 국경과 영토 형성도 아이누를 지배하고 류큐를 침략합병했습니다. 동시에 조선침략(강화도, 동학농민학살)은 청, 러시아와의 전쟁이었습니다.

일본에서는 근대의 역사, 특히 조선침략은 가르치지 않습니다. 강제연행도 '모집'으로 바꾸어 '응모했다'고 합니다. 일본은 민주주의국가라고 자칭합니다. 노예를 디딤돌로 한 그리스는 '민주주의'로 번영했지만 번영을 지탱한 노예제로 붕괴했습니다. 일본은 현재도 옛날과 같이 한국에 방만합니다. 실은 방만한 일본은 역사를 배우지 않은 지배층에서 형성되고 있습니다. 그러나 자기 파탄의 길로 들어가는 느낌입니다. 매스컴을 이용한 민중지배로 정권을 유지하는 것 뿐입니다. 민중이 파탄의 희생자가 되어서는 안됩니다. 저희들은 올바른 역사를 바탕으로 하는 한일·아시아·세계의 미래를 갈구합니다. 역사는 진실의 거울입니다.

5. 한국 독자나 미래 세대에의 조언

강제연행의 책임을 추궁하는 운동속에서 김경석 씨(형님은 탄광에서 희생되어 유골도 발견되지 않음)는 "탄광, 댐, 항만, 선로의 침목 한 개 한 개에 피가 배어 있다"고 했습니다. 저희 조상들은 죄를 지었습니다. 무관심의 죄도 있습니다. 고인들의 죄를 폭로하는 것은 슬프고 주저되는 역사입니다. 그러나 진실은 직시해야 합니다. 역사를 왜곡하고 위조하는 무리들이 권력을 잡고 있는 상황에서의 운동이기 때문입니다. 일본의 저희 연락회는 소수이지만 올바른 자가 반드시 승리한다는 신념입니다. 한국의 여러분들, 젊은 여러분들, 미래는 우리의 것입니다.

나카가와 미유키(中川美由紀) 프로필 : 1961년생, 이바라키현(茨城縣) 출신. 도야마대학(富山大學)에서 공부한 뒤 1차 소송부터 피해자를 지원함.

제2차 후지코시 강제연행·강제노동 소송을 지원하는 북륙연락회 : 2002년 9월 결성. 회원 약 150명. 한국재판 지원, 회원지 발간

VII

구 제국帝國의 심장부를 가다, 가와사키시川崎市 사쿠라모토櫻本 한인마을

재일조선인운동사연구회, 고려박물관
https://kouraihakubutsukan.org/

가와사키시(川崎市) 사쿠라모토(櫻本), 하마초(浜町), 이케가미초(池上町)

도쿄도東京都. 일본의 수도이자 정치 경제의 중심지로 그 이름은 세계에 널리 알려져 있다. 신주쿠新宿, 시부야澁谷, 하라주쿠原宿 등 쇼핑과 볼거리, 먹거리로 유명한 지역뿐만 아니라 일왕이 거주하는 '황거皇居'가 있고 국회, 행정관청, 기업본사들이 즐비하여 관광객과 정치, 경제인들의 방문이 끊이지 않는 곳이다. 일본 관광청에 의하면 2017년도 일본을 방문한 외국인의 46.2%가 도쿄를 방문하여 방문지 순위 1위를 차지하였다. 한국인의 경우 2015년도까지 도쿄가 방문지의 제1위를 줄곧 차지하다가 2016년도부터 오사카大阪, 후쿠오카福岡에 이어 제3위에 위치한다. 그렇다고 도쿄를 등한시한 결과라고는 볼 수 없다. 이미 도쿄를 방문하였기에 다른 지역으로 시선을 돌린 것으로 풀이되기 때문이다. 왜냐하면 한국인의 일본방문 회수를 보면 알 수 있는데, 한국인은 2회 이상 방문이 무려 69.2%로 처음 방문의 31.8%를 배 이상 능가하고 있기 때문이다.

도쿄에는 역사적인 장소도 많다. 그중에서 한국과의 관련으로 한번정도 둘러보기를 권한다면, 일본의 국회의사당과 중앙관청이 즐비한 가스미가세키霞か関를, 강제동원과의 관련에서 보자면 니주바시二重橋를 추천하고 싶다. 강제동원된 당시 조선인들이 도쿄를 방문하면 일왕이 거주하던 '황거'의 니주바시 앞에서 기념촬영을 하곤 했다. 그리고 1923년 9월 1일 도쿄를 포함하여 관동지역 일대를 강타한 관동대지진과 조선인학살로 희생된 한인유골이 묻혀있는 동경위령당에도 가보기를 권한다.

[사진Ⅶ-1] 일본 '천황'이 기거하는 '황거(皇居)'의 모습과 '니주바시(二重橋).

[사진Ⅶ-2] 관동대지진 시 사망한 한인들의 유골을 안치한 동경위령당의 한인추도비

가와사키시 川崎市 한인타운

필자가 도쿄 인근의 강제동원 현장을 방문하게 된 것은 한일 역사가가 공동심포지엄 참가로 한자리에 모인 2013년의 일이었다. 심포지엄은 총 이틀일정으로 보통 각지에서 개최되는 강제동원 관련 심포지엄도 그렇듯이 하루는 연구발표를 하고 다음 날은 인근의 중요한 강제동원 현장을 답사하는 일정으로 되어 있었다. 2013년의 공동심포지엄에서는 가와사키시 川崎市의 한인타운을 방문하기로 되어 있었다.

가와사키시는 도쿄와 바로 인접한 가나가와현 神奈川縣에 속하는 도시로 게이힌 京浜공업지대의 일부이기에 역사적으로 조선인 노동자 유입과 관련이 깊다. 또한 일본에서는 처음으로 외국인의 지자체 취업을 인정한 선구적인 지역이기도 하다.

우리는 가와사키시의 한인타운이 있는 사쿠라모토 櫻本에 가기 위해 가와사키역에 집결하였다. 가와사키역 대합실은 전철을 이용하는 인파로 늘 북적이기에 답사에 참가하는 사람들은 서로 눈에 잘 띄도록 대합실 중앙에 모였다. 오전인데도 이미 한여름의 습한 기온이 머리에서 발끝까지 전해진다. 여름철에 방문할 경우 가벼운 복장과 물병은 필수다. 사전에 신청한 참가자 명단을 확인하며 인원점검을 마치자 인솔자의 안내로 일행은 역사를 나와 시내버스에 올라탔다. 공휴일의 텅빈 버스가 순식간에 출근버스처럼 가득 찼다. 그나마 시원한 냉방이 만원버스의 불편함에 위안이 된다.

사쿠라모토 일대에 조선인이 모여살게 된 것은 1925년경 해안부에 전기궤도 부설공사에 조선인이 고용되고 해안가 일부에 이들을 위한 '함바 飯場, 노동숙소'가 설치되면서부터라고 한다. 이후 1939년에는 '일본강관'이 게이힌 京浜제철소를 건설하면서 조선인 강제동원과 유입이 이어진다.[12] 정부조사

---
12 三國惠子, 「川崎市の在日韓国・朝鮮人ー集住過程と人口ー」, 『城西大学大学院年報』16, 1999

에 의하면 가나가와현으로 강제동원되었다고 신고한 피해자만 약 5만 4천여 명. 특히 가나가와현 소재 일본강관에 동원된 것으로 신고한 사람은 123명, 그 중 일본강관 가와사키제철소에 동원된 사람은 41명이었다. 지금도 같은 지역에서 일본강관은 가와사키제철과 합병하여 JFE스틸로 회사명을 변경하여 가동중이고, '강관거리'라는 지명도 남아 있다.

한국인들이 많이 거주하는 곳으로 알려진 곳은 사쿠라모토 이외에도 하마초[浜町], 이케가미초[池上町]가 있는데, 이케가미초는 특히 구 일본강관 가와사키제철소와 매우 가깝다. 우리 일행은 거의 세 군데를 넘나 돌며 일대 한인마을의 풍경을 관찰하였다.

사쿠라모토 한인거리

답사의 시작은 사쿠라모토에 있는 상점가부터였다. 상점가를 표시하는 아치형의 조형물과 하늘을 수놓은 빨강 파랑의 장식이 이곳이 상점가의 시작임을 알려주고 있었다. 한인이 많은 지역답게 상점가 초입부터 한인이 운영하는 듯한 한식 식당의 메뉴판이 눈에 들어온다. 안내자 주위에 삼삼오오 모여든 사람들의 표정이 흥미진진하다. 이마에 흐르는 땀방울을 연신 훔쳐내며 안내자의 설명에 귀 기울이고 메모하거나 카메라의 셔터를 누르면서 각자의 방법으로 기록하기에 바쁘다. 필자도 귀로는 설명을 들으면서 눈과 손은 주위의 풍경을 담느라 분

[사진Ⅶ-3] 사쿠라모토의 상점가 입구. 뒤에 보이는 건물 식당이 한식당으로 메뉴가 적힌 입간판이 이채롭다.

주했다. 안내자의 뒤를 따라 상점가 주도로와는 달라 보이는 옆길로 방향을 잡았다.

[사진Ⅶ-4] 사쿠라모토 상점가를 보여주는 아치형의 조형물

[사진Ⅶ-5] 상점가의 모습. 주말이라서인지 대부분이 휴점. 'KOREAN식품전문점'이라는 간판의 점포앞을 자전거 탄 주민이 한가로이 지나는 모습

 일요일의 한적한 시간대여서인지 마을은 인적이 드물었고 가게들도 문을 닫은 곳이 많았다. 내려진 상가 셔터에는 커피잔을 든 여성과 아이스콘을 손에 쥔 소녀의 그림이 그려져 있다. 귀여워 보여 카메라셔터를 누르고 나서 무얼 하는 곳일까 하는 궁금증에 간판을 올려보니 '사회복지법인 청구사 오오힌지구 마을 핫라인'이라고 적혀 있다. 카페인줄 알았는데 간판의 글귀와는 전혀 조화가 되지 않아 의아했다. 조금 더 가다보니 이번에도 마찬가지로 셔터가 내려진 상점 간판에 '사회복지법인 청구사 장애인 취로지원'이라는 글귀와 함께 '안심 카페, 수제 도시락 공방'이라는 글귀가 눈에 들어왔다. '청구사'라고 하는 사회복지법인이 지역활성화와 지역민 보호를 위해 봉사하고 있다는 생각이 언뜻 들었다. 나중에 가와사키시 남부지역 한인타운에 대한 정보를 관련 사이트(http://www.halmoni-haraboji.net/index.html)에서 검색

해 보니 역시 예상이 적중했다.

[사진Ⅶ-6] 한국 김치 등 식자재를 판매하는 식품점의 모습. 사쿠라모토상점가에는 한인 점포가 눈에 많이 띈다. 배석만 촬영

[사진Ⅶ-7] 한인마을답게 사쿠라모토 주택가에도 한식재를 파는 가게가 있다.
수제로 보이는 김치, 깻잎을 판다는 간판이 걸려 있는 모습. 배석만 촬영

[사진Ⅶ-8] 닫혀진 철제문의 그림이 귀엽다. '안심 카페'라는 글귀가 있다. 그 위 간판에는 빨강, 노랑, 파랑 등으로 "우리 마을이 제일 좋아"라고 쓰여 있다.

[사진Ⅶ-9] 사회복지법인 청구사라는 이름과 함께 '안심 카페' '수제 도시락 공방'이라는 내용이 적혀 있다.

휴일이 아닌 평일에 다시 방문한다면 어떤 물건들을 팔고 어떤 활동들을 하고 있는지 구체적으로 알 수 있을 것 같다. 기회가 된다면 평일에 다시 한 번 방문하여 지역민과 접해 보고 싶다는 생각이 들었다.

사쿠라모토는 특히 한인타운의 설립을 배경으로 민족차별, 인종차별 등을 뛰어넘은 지역활동의 대표적인 사례로 주목받고 있는데, 지역활동을 구체화하기 위해 사회복지법인 청구사를 1988년에 설립, 사쿠라모토 보육원(어린이집), '후레아이(교류)관', '생활서포트 네트워크 핫라인(고령자, 장애우 지원)'을 운영하고 있다.

사무라모토 '후레아이관'

'후레아이관'에 들러 보았다. 1층 로비에는 여러 국가 출신의 외국인들을 고려한 다국어의 안내 팸플릿이 비치되어 있다. 내부에 큰 다목적홀도 있어서 실내체육을 비롯한 다양한 활동이 가능할 것 같다. 한켠에 우리나라 고유의 북이 비치되어 있는 걸 보니 민속적인 교육도 실시되는 모양이다. 한인 관련 서적들도 비교적 많이 소장되어 있어서 지역민이나 일본내 마이너리티를 연구하는 연구자에게 도움이 될 것 같았다.

[사진Ⅶ-10] '후레아이(교류)관'의 전경.

[사진Ⅶ-11] '후레아이관' 1층 로비의 모습. 배석만 촬영

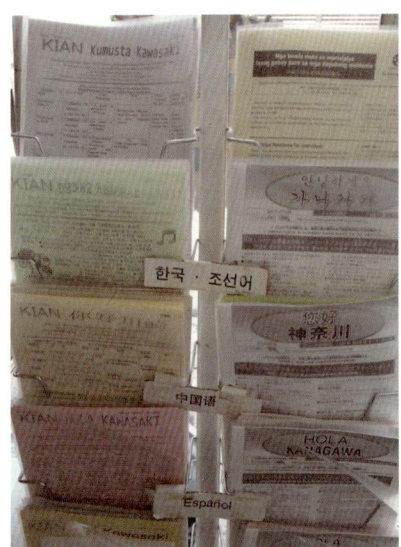

[사진Ⅶ-12] 다국적 언어로 작성된 안내용 팸플릿. 한글안내서가 중앙에 보인다. 배석만 촬영

[사진Ⅶ-13] 우리나라 북이 홀 한켠에 정리되어 있다. 배석만 촬영

[사진Ⅶ-14] 실내 운동이 가능한 크기의 다목적 홀. 배석만 촬영

[사진Ⅶ-15] 사쿠라모토 보육원의 모습

사쿠라모토 주택가는 비교적 잘 정돈된 느낌이다. 물론 큰길가에서 조금만 벗어나면 좁고 긴 골목으로 이어지는 그런 지역도 있었지만, 그렇다고 해도 외견상 크게 열악하다는 인상은 들지 않았다.

이케가미초의 한인마을

그런데 한인이 많이 모여사는 이곳 풍경이 모두 같지는 않은 모양이다. 안내자 선생님이 공장지대와 인접한 옛 주거지역은 이곳과는 사뭇 다를 것이라는 말과 함께 고가도로 밑을 지나는 길을 안내했다. 그러자 펼쳐진 풍경은 상대적으로 정돈이 덜된 듯 굽이치는 도로와 작은 골목이었다. 이케가미초池上町다.

[사진Ⅶ-16] 사쿠라모토의 주택가 모습. 비교적 깨끗하게 잘 정돈되어 있다.

[사진Ⅶ-17] 사쿠라모토 주택가의 큰길과는 달리 주택과 주택 사이에는 좁고 긴 골목이 남아 있다. 배석만 촬영

이곳은 게이힌공업지대가 조성되면서 조선인뿐만 아니라 일본인들도 유입

되었던 곳인데, 공장지대이니만큼 공해와 소음, 배기가스 등이 충만한 주거지로 좁은 골목과 주택이 밀집한 가와사키시의 '빈곤지대'이기도 했다.[13]

이케가미초의 좁은 골목길을 걸으며 우리 일행은 목소리를 최대한 낮추고 대화도 삼갔다. 길가에서 곧바로 현관과 방으로 이어지는 주택구조라서 방문객들의 대화소리가 행여 지역주민을 괴롭힐까봐 조심해야 했기 때문이다. 현관앞에 걸린 명패를 눈으로 읽어가면서 발소리도 죽인 채 답사하는 골목길 탐방이 되었다.

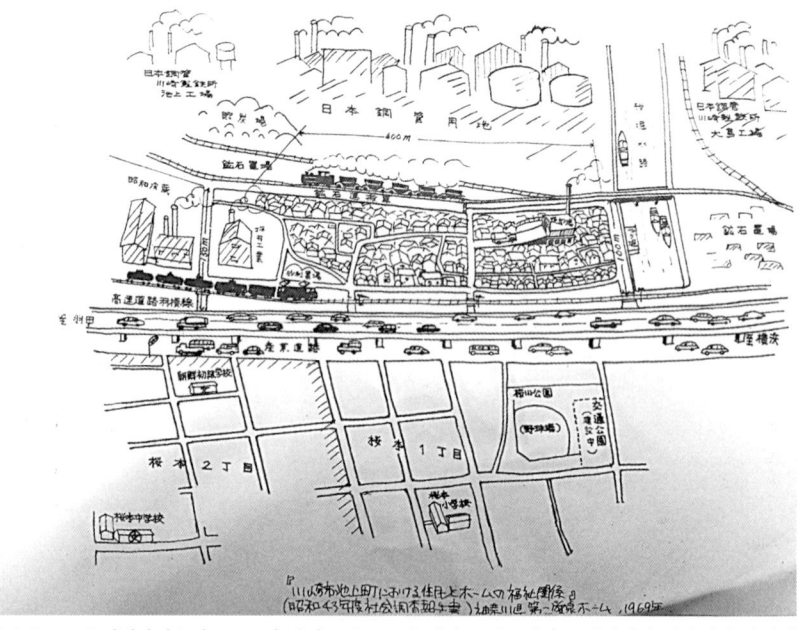

[사진Ⅶ-18] 이케가미초의 1969년 당시 모습. 그림 상단 굴뚝그림의 공업지대가 일본강관 가와사키(川崎)제철소이고 그 아래 조밀주택지구가 이케가미초이다. 배석만 촬영

---

13 三國恵子, 앞의 논문.

[사진Ⅶ-19] 도시정비에서 소외된 듯한 이케가미초

[사진Ⅶ-20] 이케가미초 한인마을의 골목길. 길이 좁아 소방차 출입은 어렵고 골목과 집이 맞닿아 있어서 외부의 소음이 집안에서도 들릴 것 같다.

[사진Ⅶ-21] 이케가미초 한인마을의 모습. 최영호 촬영

그리고서 다시 한번 고가도로 밑을 지나 아까 왔던 방향으로 발걸음을 옮기자 이번에는 기와지붕을 형상화한 조형물이 나타났다. 기와지붕 밑에는 북과 장구, 징을 들고 있는 인형들이 있고 그 밑으로 영문자로 크게 'KOREA TOWN'이라고 쓰여 있다. 가와사키시와 이웃한 요코하마橫浜의 차이나타운과는 비교가 될 수 없을 정도로 소박한 조형물이지만 이국에서 만나는 한인타운은 아무래도 정겹다.

하지만 한인타운이라는 특정화된 지역이라서 가는 곳마다 한인상점이 즐비하고 온갖 한국 관련 상품들을 판매하고 있을 것이라는 기대는 바로 접고 말았다. 코리아타운은 약 1킬로 남짓 될까? 일본에서 인기있는 '야키니쿠 불고기' 식당조차도 띄엄띄엄, 그다지 많지 않았기 때문이다. 그냥 이 지역에 한인들이 많이 거주하고 있어서 붙여진 이름인 듯한 느낌이다. '코리아 타운' 문설주에 '시멘트 거리 상영회'라고 쓰여 있다. 아마도 상점가를 운영하는 지역조직인 것 같다. 가로등에도 같은 글귀가 있다. 상점가商를 번영시키는榮는 모임會을 의미하는 듯한데, 현실은 너무나도 달라 보여 안타까웠다.

[사진Ⅶ-22] 'KOREA TOWN' 입구의 모습

[사진Ⅶ-23] '코리아 타운' 길가의 가로등. 가로등에 '시멘트 거리 상영회'라고 쓰여 있다.

[사진Ⅶ-24] '코리아 타운'의 가와사키역 방향 입구. 농악대 인형으로 장식되어 있다.

최근들어 사쿠라모토 한인타운을 방문하는 달갑지 않은 무리들이 있다. 일명 '재특회(재일특권을 인정하지 않는 회'라는 우익 성향의 단체이다. 이들은 배외주의, 민족주의, 국수주의에 사로잡혀 재일 한인이나 재일 중국인 등을 향해 입에 담을 수 없는 욕설과 주장을 하며 가두행진을 벌이고 있다. 이들의 이른 바 '혐한嫌韓'시위가 도를 지나치자 보다 못한 일본 시민들이 일어나 이를 저지하는 반박시위를 전개하고 있다. 어찌하여 이런 상황이 전개되는 지경에 이르렀는지 분명 되짚어 볼 필요가 있으나 당장 불안하게 생활할 우리 동포들이 염려된다. 가와사키시도 문제의 심각성을 인식하여 시의 입장을 홈페이지에 게재하며 계몽중인데 현실적으로 지역주민이 안심하고 생활할 수 있는 환경조성을 위해 적절한 대책이 시행되기를 기대한다.

가와사키시 홍보

(http://www.city.kawasaki.jp/250/page/0000088788.html)

최근 특정 국적의 외국인 등을 배척하고 차별을 조장할 취지의 이른바 헤이트 스피치 등 외국인을 둘러싼 인권문제에 대해 우려스러운 상황이 사회문제화되고 있습니다. 이런 언동은 사람들에게 불안감과 혐오감을 줄 뿐만 아니라 인간으로서의 존엄에 상처를 주거나 차별의식을 불러일으킬 수 있기에 용서받을 수 없습니다.

헤이세이26(2014)년 7월 UN 자유권규약위원회와 8월 인종차별철폐위원회로부터 우리나라에 대해 헤이트 스피치에 대한 대응과 규제를 요구하는 내용의 권고가 있었습니다.

이러한 가운데 국회에서 '우리나라 외 출신자에 대한 부당한 차별적 언동 해소를 향한 조치 추진에 관한 법률'이 성립하여 헤이세이28(2016)년 6월 3일부터 시행되었습니다.

지금까지 '다문화공생사회추진지침'을 책정하여 다문화 공생사회 실현을 향해 여러 가지 시책을 추진해온 본 시로서는 '헤이트 스피치를 용납하지 않는다'는 인식 하에 정부와 연계하여 계몽활동을 전개하는 등 누구라도 안심하고 공생할 수 있는 지역만들기에 힘써오고 있습니다.

도쿄를 중심으로 한 관동지역 일대를 탐방한다면, 전 고려박물관 관장이었던 히구치 유이치 선생님을 만나는 것이 좋겠다. 선생님은 '재일조선인운동사연구회' 회장을 역임하며 조선인 강제동원, 강제노동 문제와 재일조선인 문제, 일제강점기 식민지 조선 문제 등에 대해 오랫동안 연구해 온 저명한 학자이다. 고려박물관의 초대 관장이었던 선생님의 안내글을 아래에 소개하면서 고려박물관(https://kouraihakubutsukan.org/)도 한번 방문해 볼 것을 추천한다.

히구치 유이치(樋口雄一) 전 관장의 한마디

고려박물관 준비회가 결성된 것은 1991년 9월의 일이었습니다. 그로부터 11년간의 준비를 거쳐 2001년 12월에 개관하였습니다. 이 박물관의 최대의 특징은 시민들에 의해 설립되었다는 점입니다. 재일 한국·조선인과 일본시민들이 힘을 모아 건립하였습니다.

한일 양국 시민들의 이해와 평화, 함께 하는 공생사회를 목적으로 하고 있습니다. 이를 위한 상설전과 기획전을 실시하고 있습니다. 상설전에는 한국·조선에서 바라본 교류의 역사를 중심으로 고대부터 현대에 이르기까지 개설하고 있습니다. 기획전으로는 가령 2017년도를 예로 들자면 도요토미 히데요시에 의한 도예공들의 연행과 그 후 도예공들의 삶을 돌아보거나, 혹은 근대사적으로는 강제동원 노동자들을 상대하기 위해 조선인 여성들을 산업위안부로 동원한 사실을 전시한 바 있습니다. 즉 고려박물관은 역사박물관입니다. 한국·조선인과 일본인의 공생은 역사 이해에서 비롯된다고 생각하기 때문입니다.

또한 고려박물관에서는 강연회와 한국어 강습도 있으며 한복을 체험하는 코너도 있습니다. 전통악기도 놓여 있어서 누구나 체험할 수 있습니다. 한국·조선에 관심이 있는 시민이라면 누구라도 체험할 수 있는 공간입니다.

최근에는 고려박물관 앞의 거리를 한국·조선인에 대해 차별적인 발언, 일명 헤이트 스피치 데모대가 수차례 가두행진을 한 적이 있습니다. 이곳은 한국인들이 평화롭게 걸어다니는 대형 한국음식점이 있는 마을이었습니다. 지금은 한국음식점들이 차례차례 문을 닫아버렸고 고려박물관을 찾는 발길도 뜸해졌습니다.

저희들은 이러한 시대적 흐름에도 개의치 않고 한국·조선의 이해를 진작시키기 위한 활동을 계속할 것입니다. 재일조선인 가수를 초청하여 음악회를 열기도 합니다. 전시는 3개월마다 갱신하고 있습니다. 한국어가 가능한 직원도 있으므로 가벼운 마음으로 들려주시기 바랍니다. 전시 내용에 대해서는 홈페이지를 참고하시기 바랍니다.

저희들은 한국의 시민운동이 절대권력의 대통령을 교체한 사실에 경의를 표하면서 일본시민들도 그 경험을 배우며 공생의 길을 함께하고자 합니다.

히구치 유이치(樋口雄一) 프로필 : 1940년생, 중국 심양 출신. 메이지학원대학 졸업, 재일조선인운동사연구회 회장, 전 고려박물관(도쿄) 관장. 재일조선인사, 전시 강제동원, 조선근대사 분야 관련 다수의 논문과 저서가 있음.

VIII

아키타현秋田縣 오다테시大館市 하나오카花岡광산을 가다

하나오카의 땅·일중 부재전 우호비를 지키는 모임
花岡の地・日中不再戦友好碑をまもる会
http://www.saimitsu.sakura.ne.jp/mamorukai.html

아키타현(秋田縣) 오다테시(大館市)

일본의 혼슈本州, 일본열도 중 제일 큰 섬 북단에는 쌀과 일본 '사케'청주로 유명한 아키타현秋田縣이 있다. 아시아태평양전쟁시기 강제동원과 관련해서는 하나오카花岡광산이 유명하다. 하나오카광산은 총탄에 없어서는 안 될 구리를 채취하던 광산이었다. 그런데 왜 일본사회에서 유명한가 하면, 당시 일본의 적국민이었던 중국인 986명을 노무자로 활용하기 위해 강제동원한 후 집단 학살하는 대참극이 벌어졌기 때문이다. 일명 '하나오카사건'으로 불리는 집단 학살 사건은, 열악한 노동환경에 견디다 못한 중국인이 봉기하여 전원탈출을 감행, 경찰, 자경단 등에 의해 곧바로 제압되지만 그 후 주도자 색출과정에서 고문과 학대로 중국인 419명이 목숨을 잃은 사건이다. 중국인을 강제노동시킨 회사가 가지마구미鹿島組라고 하는 회사인데 이 회사는 동시에 조선인 노무자들도 동원하고 있었다. 자료에 의하면 1944년 8월에 조선인 노무자 130명을 동원한 사실이 확인된다.

필자가 하나오카광산 일대의 조선인 강제동원에 대해 현지답사를 계획한다고 하자, 자처하여 안내에 나서준 사람이 차타니 주로쿠茶谷十六 선생님이다. 차타니 선생님은 일본사회가 중국인 학살사건인 '하나오카사건'에만 몰두한 나머지, 그 연원이 된 조선인 강제동원 피해에 대해서는 무지한데 대해 강한 의문을 제기하며 이에 대해 조사·연구한 분이다. 이미 이와 같은 문제점에 대해 국무총리 소속 '일제강점하 강제동원 피해 진상규명위원회'와 '동북아역사재단'이 공동주최한 심포지엄에서 발표한 바 있고, 필자와는 그 때 면식이 있었다.

선생님은 아키타현 센보쿠시仙北市 민족예술연구소에서 옛소리를 연구하는 예술가이기도 하며, 동시에 아키타현 조선인 강제연행진상조사단 및 '하나오카의 땅·일중 부재전 우호비를 지키는 모임' 회원이기도 하다. 현장답사를 하는 동안에는 당시의 참담했던 조선인의 상황이 회상되는 듯 양미간을 찌푸

리며 설명에 여념이 없다가도, 저녁식사 시 약간의 반주가 들어가면 어김없이 아키타현의 옛 소리를 혼신을 다해 구성지게 불러주었다. 향토연구자에서 예술가로 둔갑하는 순간이다.

하나오카광산 방문에 앞서 당시 광산의 모습은 어떠한지 궁금증을 해소하기 위해 아라카와荒川광산과 고사카小坂광산 터를 방문하였다. 고사카광산은 하나오카광산과 마찬가지로 도와同和광업주식회사가 운영하던 곳으로 현재도 가동중인 시설이 있다고 한다. 비교적 광산의 옛 시설이 그대로 남아 있기에 당시를 이해하는데 많은 도움이 된다.

폐광석이 산이 된 곳

첫 번째로 도착한 아라카와 광산은 사방이 산으로 둘러싸인 큰 골짜기에 위치하고 있었다. 아라카와 광산을 처음 봤을 때의 인상은 마치 중남미 어느 지역의 고대 제단을 마주하는 것 같았다. 산 한쪽 경사면에 짜 맞춘 듯이 들어선 잿빛의 구조물, 일순 건물이 산의 일부가 되어 있는 듯한 착각마저 들었다. 그리고 그 아래쪽으로는 거대한 대중목욕탕의 욕조를 연상시키는 둥근 모양의 시설이 있었다. 경사면의 제단같은 시설은 채취한 광석에서 광물과 돌을 골라내던 '선광장選鑛場'이었고, 둥근 욕조의 시설은 광석에서 원료와 불순물을 분리하던 '침전풀(Pool)'이었다. 다시 말해서 제련작업장이었다. 지금은 토대만 남아 있지만 당시에는 그 위에 벽과 지붕이 덮여 있었다.

규모로 보아 당시에는 광물채취를 위해 광부들을 대량으로 투입해 대규모 광산마을이 형성됐을 거라는 느낌이 들었다. 그러나 현재는 아무것도 남은 게 없으며 심지어 방문하는 사람조차 거의 없다. 차타니 선생님의 안내를 받으며 주위를 둘러보는 동안 우리 일행 외 다른 사람들을 만날 수가 없었다.

[사진Ⅷ-1] 아라카와 광산의 선광장(選鑛場). 선광장(選鑛場)은 광석에서 광물을 분리하는 작업을 하던 곳이다. 탄광에서는 탄과 석재를 분리하던 곳을 선탄장(選炭場)이라고 한다.

[사진Ⅷ-2] 아라카와광산 선광장의 당시 모습(大成館 소장). 축대위로 목조건물들이 들어서 있었던 것이 확인된다.

[사진Ⅷ-3] 아라카와 광산의 정련소(제련소) 흔적. 좌측 하단부의 원형 구조물은, 채굴한 광석에서 원료와 불순물을 제거하는, 즉 '정련(제련)'을 하는 '침전풀'. 당시 제련 방법은 화학작용을 이용하였고, 이 '침전풀'에서 원료와 불순물을 분리하였다고 한다.

 광산 입구를 확인하러 발길을 돌리는데 선광장 반대편 산을 손으로 가리키며 차타니 선생님이 질문을 한다. 저 산의 이상한 점을 발견할 수 있겠냐고? 어디서나 흔히 볼 수 있는 나무와 풀로 뒤덮인 산에서 특이한 점은 발견할 수 없었다. 답을 찾는 필자를 넌지시 바라보며 선생님이 말한다. "저건 광물을 추출하고 남은 돌로 쌓은 돌무덤인데, 그 양이 어마어마하다 보니 산이 되어 버린 겁니다." 현지에서는 광물을 뽑아내고 남은 폐석을 '즈리捨石'라고 한다. 그리고 그것이 모여 산이 되었다고 하여 '즈리 야마山'라고 부른다.

[사진Ⅷ-4] 아라카와 광산의 즈리야마
후쿠오카 탄광의 경우 폐석을 보타(ボタ)라고 하는데 이곳에서는 폐석을 '즈리'라고 한다. 즈리의 양이 방대하여 사진과 같이 산이 되었다.

[사진Ⅷ-5] 정련 과정에서 광물을 채취하고 나온 찌꺼기를 이곳에서는 '카스'라고 하며 이를 굳혀서 벽돌로 사용하고 있었다(카스 벽돌).

[사진Ⅷ-6] 카스벽돌로 만든 묘비 축대(카스벽돌을 이용한 구조물은 정련소 부근에서 많이 확인된다)

이상한 것은 그것만이 아니다. 묘하게 생긴 벽돌이 도로 옆 한 켠에 있는 가 하면 공동묘지에서도 쉽게 발견된다. 벽돌이라고 하기에는 겉보기에 플라스틱 아니면 아스팔트 덩어리를 틀에 넣어 만든 것처럼 보이기도 하여 저기 이상하게 생긴 벽돌은 도대체 뭐냐고 선생님께 묻자, "다른 곳에서는 본 적이 없지요? 이 지역에서는 흔하지만"라며 빙긋 웃는다. "저거는 정련 과정에서 나오는 찌꺼기를 틀에 넣어서 굳힌 겁니다. 벽돌처럼 이용할 수가 있지요." 이 지역에서는 일본어로 '카스'라고 부른다고 한다.

고사카 광산의 위엄

[사진Ⅷ-7] 고사카 광산의 광산마을.
이곳은 광산이 번창하던 시기의 유흥가로 일명 '불효자' 거리라고 불리기도 했다. 애써 번 돈을 흥청망청 유흥으로 탕진한 데서 유래된 이름이다.

[사진Ⅷ-8] 초기 고사카 광산 건물
메이지 시기에 건축된 건축물로 현재도 사용 중에 있다.

[사진Ⅷ-9] 폐광이 된 고사카 광산의 선광장(選鑛場)

Ⅷ. 아키타현秋田縣 오다테시大館市 하나오카花岡광산을 가다 _ 143

아라카와 광산을 뒤로 하고, 필자는 오다테大館시로 향했다. 이곳에도 대규모 광산이 있었다. 도와광업주식회사 고사카 광산이다. 도와광업주식회사는 하나오카광산을 경영하던 회사이다. 물론 이곳도 1990년에 채광작업은 중단된 채 있으나 다른 용도로 제련소가 가동중이라고 하였다. 더욱이 당시를 연상하게 해 주는 광산마을이 남아 있어서 당시 분위기를 조금이나마 느낄 수 있다며 안내해 주었다. 고사카 광산의 광산마을에 접어들자 사람의 발길이 끊어진지 오래된 모양으로 적막하다. 사람이 한 명도 살 것 같지 않았다. 필경 광부들이 떠난 다른 광산마을도 만약 건물이 남아 있다면 이럴 것 같다는 생각이 들었다.

그런데 한산한 거리와 대조적으로 옛날풍의 웅장한 건물이 보였다. 옛 고사카 광산 사무소다. 서양풍의 3층 목조건물로 원래는 고사카 광산에 있었던 것을 지금의 자리로 이전하여 기념관으로 사용하고 있었다. 번성했던 근대 일본을 상징하는 것이라서 인지 국가지정 중요문화재로 등록되어 있다. 사무소 맞은편에는 나지막한 건물이 보였는데 고사카 광산 유치원이다. 고풍스러운 건물은 그것만이 아니었다. 광산마을 한쪽에도 이와 같은 풍의 건물이 있어서 자세히 보니 정면 상단 지붕 밑 커다란 간판에 '康樂館'이라고 쓰여 있다. 광산 노동자들과 마을 주민들의 위락장소이다. 탄광지역의 경우 영화를 주로 상영하는데 이곳에서는 연극 공연이 있었다고 한다. 지금도 연극이 공연된다고 하니 오래된 건물이지만 아직 현역인 셈이다.

도로 옆에는 철로도 놓여 있다. 무슨 지방선이라도 되는가 싶어 물었더니 고사카광산에서 광물을 실어나르는데 사용된 광산철도라고 한다. 철도와 도로가 교차하는 건널목에 차단기도 설치되어 있어 다가가 보니 '출입금지'라는 표찰이 매달려 있다. 그걸 보고서야 운행이 중단된 것이 실감났지만 철로 주위가 깔끔하게 정돈돼 있어서 지금도 열차가 지나다니는 듯한 느낌이다.

[사진Ⅷ-10] 고사카 광산 사무소 기념관 전경
고사카 광산·정련소 위치에 있었던 사무소를 현재의 위치로 이전시킨 것(국가지정중요문화재). 고사카 광산의 융성을 상징하는 화려한 서양풍의 3층 건물로 내부에는 고사카 광산 및 정련소의 발전 과정과 융성하였던 모습을 자세하게 전시하고 있다.

[사진Ⅷ-11] 고사카 광산에 설립된 유치원

[사진Ⅷ-12] 고사카 광산의 문화시설로 건립되었던 '코락칸(康樂館)'
탄광 지대에서는 주로 영화를 상영하였다고 하나, 이곳에서는 주로 연극을 공연하였다고 한다.

[사진Ⅷ-13] 고사카 광산 생산물을 운송하였던 광산철도(오다테역 인근에서 촬영).
현재는 폐쇄되어 사용되지 않고 있다.

하나오카의 땅을 밟다

오다테시에는 아시아태평양전쟁 당시 도와광업 하나오카 광산에서 자행된 중국인 포로의 학살사건을 알리고 역사에 남기는 활동을 하는 단체가 있다. 1971년 10월 30일에 결성된 '하나오카의 땅·일중 부재전 우호비를 지키는 모임花岡の地·日中不再戦友好碑をまもる会'가 그것이다. 필자는 조선인들이 강제동원된 하나오카 광산을 둘러보는데 이 모임의 도움을 받았다. 그런데, 중국인 포로들이 왜 일본열도 북단에 위치한 아키타현 오다테시까지 오게 된 것일까? 그 이유를 살펴보면 그 배경에 조선인 강제동원이 깊숙이 개입되어 있었다.

하나오카광산은 총알의 원료가 되는 동을 생산했던 곳으로 전쟁 수행을 위해 생산에 박차를 가하던 곳이다. 이곳에는 이미 많은 수의 조선인들이 채굴을 위해 동원되고 있었다. 그 수는 수천 명에 이를 것으로 추산되나 정확한 숫자는 현재도 불명인 채 있다. 그러던 1944년 5월 29일 오전 9시 20분, 조선인 광부들이 투입되어 채굴중이던 하나오카광산 '나나쓰다테七ツ館' 갱이 붕괴되는 사고가 발생했다. 이로 인해 조업중이던 광부 중 조선인 11명을 포함한 22명이 순식간에 매몰되었다. 붕괴의 원인은 채굴현장 위를 지나는 '하나오카강'에 의한 침수로 밝혀졌다. 동 생산에 힘쓰던 일본정부는 안정적인 조업을 위해 하나오카강 수로를 변경하는 작업에 착수, 이를 위해 중국인포로들을 동원하였던 것이다.

[사진Ⅷ-14] 하나오카광업소 조선인 명부에 대해 설명하는 차타니 주로쿠 선생님.

 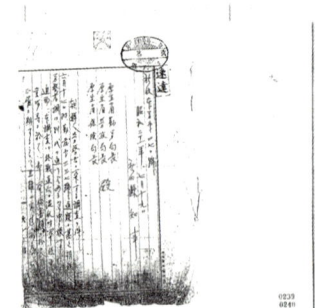

[사진Ⅷ-15] 하나오카광업소 조선인 노무자 명부

하나오카 중국인포로 학살사건은 잘 알려져 있으나 결국 이 사건의 배경이 된 조선인강제동원과 '나나쓰다테갱' 함몰사고는 잘 알려져 있지 않다. 이 조선인 강제동원에 대해 진상을 규명하고 진실을 역사에 새기는 작업에 진력한 사람이 바로 차타니 주로쿠 선생님이다. 선생님은 매년 한번도 빠지지 않고 신정사 경내에 있는 '조혼비' 앞에서 추도제를 주관하고 있다. 추도제에는 필자도 참석할 수가 있어서 '조혼비' 앞에서 고개 숙여 희생자의 넋을 기렸다.

[사진Ⅷ-16] 나나쓰다테 사건 추도제가 열린 信正寺
매년 '하나오카의 땅·日中不再戰友好碑를 지키는 회' 회원들을 중심으로 추도제가 개최된다.

[사진VIII-17] 나나쓰다테 '조혼비' 앞에서 열리는 추도제 모습과 信正寺의 주지 스님

　차타니 선생님은 2008년 들어 나나쓰다테갱에서 사망한 희생자의 가족을 찾는 일을 시작했다. 희생자의 소식을 애타게 찾고 있는 가족이 있을지 모른다는 염려에서이다. 동시에 나나쓰다테 '조혼비'에 새겨진 조선인 희생자의 창씨명을 본래의 한국이름으로 바로잡는 일도 시작했다. 그러던 2008년 8월 12일, 평택에 거주하는 희생자의 유족을 발견했다.[14] 강제동원 희생자 최태식의 딸이었다. 최태식은 당초 홋카이도 스미토모住友광업 고노마이鴻之舞탄광으로 강제동원되었다가 다시 아키타현으로 전환배치된 뒤 사고를 당한 사람이다. 딸의 나이는 겨우 네 살이었다. 2014년 5월 29일 최태식의 유일한 혈육이었던 딸은 70대를 넘긴 할머니가 되어 처음으로 아버지가 잠들어 있는 하나오카를 찾았다. 나나쓰다테 함몰사건 70주년 추도제에 참가하기 위해서였다. 하지만 딸이 아버지의 흔적을 찾을 수 있었던 것은 고작 '조혼비'에 새겨진 이름 석 자뿐이었다.

14 「4000명 한인 강제징용 진실 밝힐 것」, 『동아일보』 2008. 8. 14.

나나쓰다테 희생자를 추도한 다음 우리들은 조선인 노무자들이 희생된 장소와 숙소 등 역사의 현장을 둘러보았다. 현장안내는 차타니 선생님과 '하나오카의 땅 일중 부재전 우호비를 지키는 모임' 선생님이 도맡았다.

사진에서 보는 바와 같이 수목으로 뒤덮인 작은 야산이 하나오카광산의 수직갱이 있었던 곳이다. 광산측 사유지라서 가까이에서 관찰할 수는 없었으나 지하 작업장으로 내려가는 수직갱 엘리베이터 설비가 있을 것으로 생각된다.

[사진Ⅷ-18] 하나오카 광산에 대해 설명해주시는 토가시(富樫) 선생님.
사진 중앙부의 삼각형의 산이 도와광업의 수직갱으로 지하 350m까지 갱도가 존재한다고 함.
도로 좌측부의 길게 뻗은 평지가 옛 하나오카 광산철도의 흔적임.

[사진Ⅷ-19] 산 중턱부분에 조그맣게 보이는 구조물이 당시 하나오카 광산 수직갱이 있던 곳.

그리고 하나오카광산에 동원된 조선인 노무자의 집터가 있다고 하여 방문한 곳이 사쿠라초(櫻町) 가미야마(神山) 부락과 기타마에다(北前田) 부락이다. 아래 사진에서 보는 바와 같이 조선인 노무자가 살았던 '나가야(공동주택)'는 남아 있지 않고 새 건물이 들어섰거나 공터이다.

[사진VIII-20] 사쿠라초(櫻町) 가미야마(神山) 부락에 위치한 조선인 '나가야(長屋, 공동주택)' 터. 해방 직후 하나오카 사건의 중국인 유골 발굴에 앞장선 金一秀(강제동원피해자)가 이 '나가야'에 살았다고 함.

[사진VIII-21] 사쿠라초 기타마에다(北前田) 부락에 위치한 조선인 '나가야' 터. 조선인이 많이 거주하던 부락이었다고 함.

[사진Ⅷ-22] 기타마에다 부락 조선인 나가야 터의 원경

[사진Ⅷ-23] 기타마에다 부락 인근의 하나오카가와(花岡川)
중국인 포로들이 강줄기를 변경하는 토목공사에 투입되었다.

하나오카광산에 동원된 조선인 광부의 궤적을 찾으며 차타니 선생님은 일본정부와 하나오카광산 측의 비인도적인 처사에 매우 분개해 했다. 전쟁수행에 눈이 멀어 희생자 발굴은 뒷전이었고, 그 후에도 희생자를 수습하는 일은 없었기 때문이다. 선생님은 이와 같은 내용을 광산측이 일본외무성에 전달한 문서를 통해 확인하고 조직적인 은폐사건이라고 보고, 이 문서를 널리 알리고자 한국 학회지에 소개하는 글을 싣기도 했다.[15]

일본의 다른 강제동원 현장과 마찬가지로 하나오카광산 현장도 한적하고 평화롭다. 전시기에 이곳에서 비참한 노동과 잔인한 학살이 있었을 줄이야 그 누구도 상상하기 어렵다. 아키타현은 일본의 대표적인 곡창지대의 하나인 만큼 목가적인 전원풍경이 아름답다. 한국드라마 아이리스가 촬영된 곳으로 이름이 알려지기도 했다. 그 이면에 숨겨진 침략전쟁의 잔혹한 가해의 모습을 보고자 한다면 광산의 흔적이 잘 남겨진 아키타현을 방문하길 바란다.

[사진 VIII-24] '하나오카의 땅·일중 부재전 우호비를 지키는 모임'에서 제작한 필드워크 책자. 강제동원 현장을 이해하는데 큰 도움이 된다.

---

15 차타니 주로쿠, 『나나쓰다테 갱 함몰 재해 보고서(七ツ館坑陷沒災害報告書)』-외무성 소장 하나오카광산 나나쓰다테 관계 자료에 관하여-」, 『한일민족문제연구』 제26호, 2014.

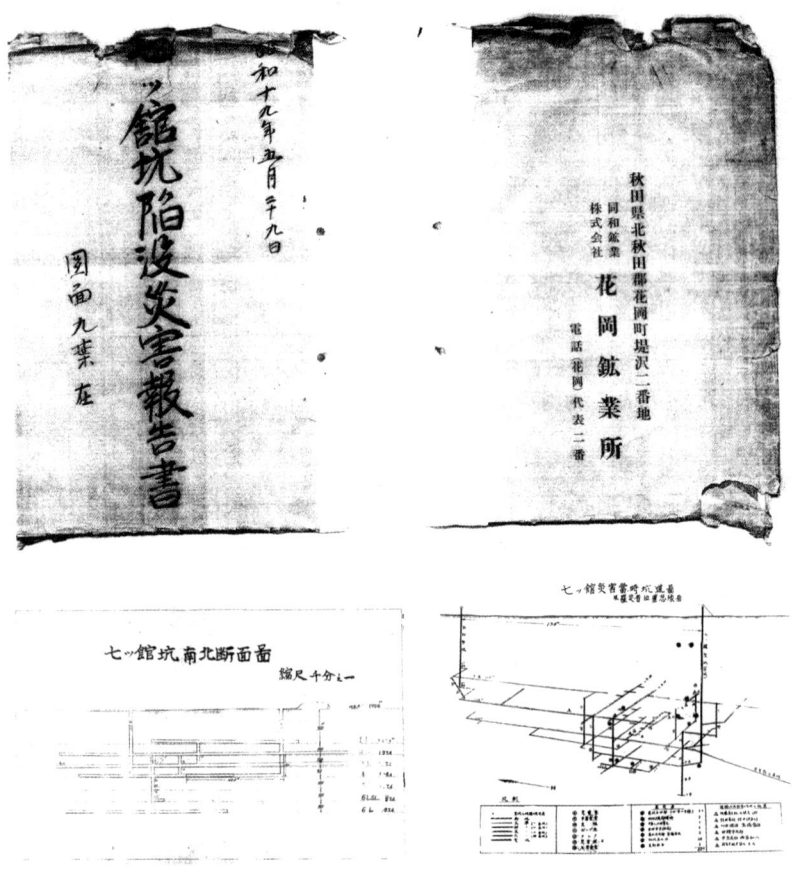

[사진Ⅷ-25] 하나오카광산측이 '나나쓰다테 수몰사고'에 대한 경위를 외무성에 보고한 보고서. 사고가 난 지점에 대한 광산측의 자세한 갱도 위치도가 기록되어 있다. (『한일민족문제연구』제26호, 2014년 참조)

차타니 주로쿠(茶谷十六) 선생님의 한마디

상흔은 치유되지 않았다

1944년(쇼와19) 5월 29일, 아키타현 하나오카광산 나나쓰다테 갱에서 대함몰 사고가 일어났다. 이 사고로 조선인 11명, 일본인 11명이 희생되었다. 이것이 나나쓰다테 사건이다.

하나오카광산은 당시 일본유수의 동광산이었다. 원래 후지타구미 경영이었던 것을 전쟁이 진행되자 군사적 역할의 막중함을 알고 국책회사 제국광업개발주식회사가 경영하여 군수성 직할 하에 증산이 독려되고 있었다.

나나쓰다테사건은 격렬했던 전시하라고는 해도 증산우선과 안전무시의 생산체제가 낳은 인재임에 틀림없다. 더욱이 희생자의 절반을 차지하는 11명의 조선인은 당시 일본의 식민지지배 하에 있었던 조선에서 강제로 끌려온 사람들이었다.

전후 희생자를 추도하는 '나나쓰다테 조혼비'가 건립되었지만 조선인은 '창씨개명'이 강제된 일본식 이름이 그대로 각명되었다.

최근들어 한일양국 연구자와 한국 정부기관의 협력에 의해 나나쓰다테 희생자의 본명과 경력이 밝혀졌고 유족도 여러 명 확인되었다.

사건발생으로부터 10년이 지난 1955년 1월, 도와광업 하나오카광업소가 제출한 「나나쓰다테갱 함몰재해보고서」가 외무성에 보관되어 있었다. 보고서에는 사건의 경과가 상세하게 기록되어 있었다. 사고발생 후 인명구조보다 갱도 보전과 생산유지를 위해 "조난자는 순직한 것으로 보고 구조작업을 중지"하고 "함몰지대를 매립하는데 중점을 두었다"는 사실이 생생하게 기록되어 있었다. 「나나쓰다테 해재 당시 갱도그림 및 이재자 위치 상상도」에는 순직자 22명의 위치가 상세하게 표시되어 있었다. 또한 「순난자 유해 인양 작업상황」에 의하면 1954년 12월 현재 갱도 매립작업과 볼링조사가 완료되어 55년 5월경부터는 "유해를 순차적으로 인양할 수 있지 않을까 생각한다"고 기록되어 있었다. 그러나 그 후 도와광업에 의해 나나쓰다테갱 채굴이 노천채굴로 재개되지만 끝내 유해 수용과 발굴은 실행되지 않았다.

상흔은 아직 치유되지 않았다. 이것을 통절하게 실감한다.

5월 29일에는 한국에서 순난자의 유족을 초대하여 일본인 유족과 함께 추도회를 개최하고 한일 연구자에 의한 심포지엄 '나나쓰다테 사건을 묻는 의미와 한·일·조선의 평화우호'를 개최한다.

가장 불행했던 시대에 일어난 이 불행한 사건을 잊지 않고 후세에 알리는 일이야말로 진정한 우호·친선의 길을 닦는 것이라고 확신한다.

차타니 주로쿠(茶谷十六) 프로필 : 1941년생, 이시카와현(石川縣) 출신. 가나자와(金澤)대학 사학과 졸업. 고등학교에서 교편을 잡다가 아키타현으로 이주, 재단법인 민족예술연구소 소장 및 이사장에 취임, 아키타현 문화공로자 표창(2011).

IX

엄동설한嚴冬雪寒의 땅 홋카이도北海道, 히가시카와초東川町 유수지遊水池를 가다

에오로시발전소·추베쓰강 유수지 조선인 강제연행·동원의 역사를 밝히는 모임
江卸発電所·忠別川遊水池朝鮮人強制連行·動員の歴史を掘る会
http://eoroshi.blogspot.jp/

홋카이도(北海道) 중앙부에 위치한 히가시카와초(東川町)

홋카이도가 일본열도 중에서는 가장 북단에 위치하고 가장 추운 지역이라는 것은 아마도 설명이 필요 없을 것 같다. 항상 하얀 눈과 얼음으로 가득할 것 같다는 인상은 필자만이 느끼는 것은 아닐 것이다. 매년 2월에 열리는 삿포로 '유키마쓰리(눈꽃축제)', 영화 [러브레터]로 유명한 설원, 넓고 아름다운 스키장, 노천온천과 신선한 해산물. 이 모든 것이 눈과 연상되면서 홋카이도의 방문을 설레게 한다. 그리고 너무 추운 나머지 벼농사는 거의 불가능하고 이를 대신하여 목축이나 낙농업이 발달한 것으로 생각할 것이다. 물론 틀린 말은 아니다. 그런데 맛있는 쌀이 생산되는 지역이 있다. 히가시카와초東川町라는 곳이 바로 그런 곳이다. 히가시카와초는 홋카이도의 거의 중앙에 위치하며 아사히카와旭川에서 약 13킬로, 아사히카와 공항에서는 약 7킬로 떨어진 곳에 있다. 멀리 다이세쓰산大雪山이라고 하는 홋카이도 최고의 설산이 보이며 다이세쓰산에서 흘러내린 물이 유입되어 풍부한 수량을 자랑한다.

[사진Ⅸ-1] 현장을 안내하며 설명하는 곤도 노부오 대표

◈◈ 쌀농사와 유수지

히가시카와초를 방문한 이유는 풍부한 수량을 자랑하는 이곳의 유수지遊水池와 수력발전소 공사에 조선인이 강제동원된 까닭이다. 이곳은 지방자치단체 차원에서 조선인 강제동원을 역사에 기록하여 후세에 교육하는 사업

에도 관심을 보이고 있다. 마을 주민들의 관심이 남다르다 싶어 이 문제를 주도적으로 조사하는 곤도 노부오近藤伸生 대표를 만났다. 곤도 대표는 2008년 3월에 결성된 '에오로시발전소·추베쓰강 유수지 조선인 강제연행·동원의 역사를 밝히는 모임'의 대표이다.

"히가시카와초는 북해도에서도 맛있는 쌀이 생산되는 지역의 하나입니다. 자연경관도 훌륭하고 물도 깨끗하고 맛있어서 살기 좋은 마을입니다. 그런데 이 맛있는 쌀을 생산할 수 있었던 것은 유수지(遊水池)가 있었기에 가능한 것이었구요. 이 유수지 조성에 많은 조선인 노동자들이 동원되었다는 것을 알게 되었습니다. 그분들 덕분에 저희들이 행복한 삶을 누릴 수 있는 거죠"

※유수지(遊水池)란 다이세쓰산(大雪山)에서 흘러내린 물은 수온이 너무 낮아 농수로서는 사용이 불가하다. 그리하여 벼농사에 적합한 수온으로 물을 데운 다음 농수로 사용하게 되는데 자연광으로 수온조절을 하기 위해 물을 가둔 곳이 바로 유수지이다

[사진IX-2] 히가시카와초 기토우시산(岐登牛山)에서 내려다 본 히가시카와초의 전경. 넓은 논과 논 사이의 농가가 평화롭다.

곤도 대표는 한때 언론사의 카메라 기자 생활을 하다가 그만 두고 현재는 홋카이도에서 변호사로 활동하고 있다. 곤도 대표가 히가시카와초 유수지 조성에 대해 알게 된 이후에 그는 식민지시기의 어려운 환경에서 노동력을 혹사당한 조선인에게 감사의 뜻을 전하고 후대에 그 사실을 알리는 것이 지역주민의 도리라고 생각하여 조사에 착수하였다고 한다.

유수지를 방문하였을 때는 마을 전체의 모습을 볼 수가 없어서 곤도 대표의 설명이 그다지 실감나지 않았다. 그런데 마을전체를 내려다 볼 수 있는 기토우시(岐登牛)산 공원에 오르자 훤하게 펼쳐진 넓은 평야와 일정한 간격으로 들녘 사이사이에 만들어진 농가들이 한눈에 들어왔다. 한없이 이어지는 푸른 논과 가옥들. 참으로 평화로운 풍경이었다.

[사진Ⅸ-3] 제1유수지. 다이세쓰(大雪) 유수공원으로 조성되어 있어 주민들이 산책이나 놀이를 위해 방문하고 있다.

[사진Ⅸ-4] 제2유수지

말로 설명을 듣는 것 보다 보는 것이 중요하다. 곧바로 곤도 대표와 시민모임 회원이자 지자체 의원인 쓰루마 마사히코鶴間松彦씨의 승용차에 올라탔다.

[사진Ⅸ-5] 히가시카구라초(東神樂町) 유수지.
히가시카구라 유수지 공사에는 147명의 노동자가 동원되었는데 대부분이 조선인이었다.

[사진IX-6] 조선인 함바가 있었던 것으로 추정되는 자리

[사진IX-7] 중국인 무덤과 위령비. '중국인 순난열사 위령비'라고 각인되어 있다.

[사진IX-8] 중국인 위령비의 뒷면. 중국인 강제동원 경위와 피해에 대한 설명문이 있다.

중국인 희생자의 기념비는 있건만

이 지역의 유수지는 1943년부터 본격적으로 정비되었으며, 히가시카와초에 3개소, 이웃한 히가시카구라초東神樂町에 1개소, 히가시아사히카와초東旭川町에 2개소가 건설되었다. 당초 유수지 건설에는 중국인 388명이 강제동원되어 작업에 투입되었으며 그 과정에서 88명이 사망한 것으로 알려져 왔다. 그리하여 중일 양국이 이와 같은 역사적인 사실을 남기고자 중국인 강제동원에 대한 설명판 설치와 중국인 희생자를 추도하기 위한 기념비를 설치하였다. 기념비에는 다음과 같은 글귀가 적혀 있었다.

중국인 강제연행사건의 순난열사 이곳에 잠들다

이 사건은 일본군국주의가 중국침략의 일환으로 일으킨 전쟁범죄이다. 구체적으로는 1942년 11월 각의결정에 의해 정부기관 및 군의 직접 지도하에 중국인을 일본국내로 강제연행하여 135개 사업소에서 노역시키며 대부분의 중국인을 사지에 몰았다. 1944년 이곳에도 338명이 연행되어 에오로시 발전소 건설과 관련한 유수지 건설공사로 고역을 당했는데 연행과정을 포함한 짧은 시간동안 88명의 희생자를 냈다. 유수지는 지금도 추베쓰강의 수온상승시설로 히가시카와초와 아사히카와시에 걸쳐 수전을 윤택하게 해 주고 있다. 우리들은 현재 일본국의 주권자인 국민으로서 무엇보다도 중국국민에게 진심으로 사죄하고 순난열사의 혼령을 위로하여 두 번 다시 과오를 반복하지 않고 군국주의의 부활을 저지하여 일중유호, 일중 부재전(不再戰)을 구현할 것을 맹세하며 일중 양국민의 영원한 우의와 평화를 확립, 그 증거로서 이 비를 세운다.

기념비 건립에는 아사히카와시, 히가시카와초가 직접 참가하였다.

중국인 강제동원에 대해서는 묘지의 기념비 외에도 유수지 현장에도 설명판이 설치되어 있다. 다음 사진의 안내판이 그것인데, 히가시카와초 동5호에 위치한다. 이것은 히가시카와초 주민 오키 초조大木長藏가 아시아태평양전쟁에 군인으로 참전, 중국에서 복무했던 경험을 되새기며 유수지에서의 중국인 강제동원의 참상을 기록한 것이라고 한다. 설명판에는 동원된 중국인의 숫자와 숙소, 노동의 참상, 희생자수, 작업장 내역 등이 간결하지만 오롯이 담겨 있다. 그리고 그 옆에는 유수지 공사장에서 나온 돌을 이용하여 세운 기념비가 있다. '혼'이라는 글씨는 삿포로 주재 중국영사가 작성하였다.

[사진IX-9] 히가시카와초 유수지에서 설치된 중국인 강제동원에 대한 설명문. 지역주민인 오키 초조(大木長藏)가 설치한 것이라고 한다.

[사진IX-10] 유수지에 설치된 중국인 추도비. 지역주민 오키 초조에 의해 건립되었으며 유수지 조성 시 채취한 돌에 주 삿포로 중국영사가 '혼'이라는 휘호를 썼다.

◆◆ 비로소 밝혀진 조선인 강제동원과 유수지

조선인은 추베쓰忠別강의 에오로시 수력발전소 건설에 동원되었다는 것이 알려질 뿐이었다. 따라서 유수지에 조선인이 동원되었다고 하는 사실은 현지 주민들도 인지하지 못했던 것으로, 새로운 사실 발견과 그 진상규명에 진지하다. 강제동원의 역사적 사실을 공고히 하는 작업이기 때문이다.

유수지는 에오로시 발전소 건설과 불가분의 관계에 있었고 거의 동시기에 조성되고 있었다. 다시 말해서 에오로시 발전소의 건설로 유입되는 추베쓰강의 강물이 하류의 수온을 저하시켜 농수로 사용하기에 적절치 않아 수온을 상승시킬 목적으로 유수지가 만들어진 것이었다.

히가시카와초사東川町史에 의하면 유수지 조성에 투입된 노동자는 약 천여 명, 대부분이 조선인이었다. 박시영 할아버지에 의하면 자신이 동원된 곳에는 79명이 합숙을 하고 있었는데 경남 김해, 하동, 함안에서 동원된 사람들이었다고 한다.[16]

한편 조선인이 강제동원된 에오로시 발전소 공사는 추베쓰강의 물줄기를 발전소까지 연결하는 12킬로의 터널을 뚫는 공사였다. 한국정부 조사에 의하면 조선인은 아라이구미荒井組와 아이자와구미逢澤組를 원청으로 하고 각 구미에 6개 정도의 반班으로 구성된 하청작업장에 1,000여 명이 넘는 노동자가 동원된 것으로 추산하고 있다.[17] 강제동원된 조선인 피해자의 정확한 숫자는 관련자료 부재로 여전히 확인할 수 없지만, 당시의 문헌기록과 고국으로 생환한 피해자의 구술을 통해 추정은 가능하다.[18]

---

16 구술기록집 『아홉머리 넘어 북해도로』, 2009년, 405쪽. 정부 위원회 조사에 의하면 정부에 신고한 사람은 19명, 이 중 신고 당시 생존자가 12명이었다고 한다(상동 구술기록집, 426쪽).
17 진상조사보고서 『홋카이도 히가시카와초 에오로시발전소 강제동원피해 진상조사』, 2011년, 14쪽.
18 에오로시발전소로 강제동원된 것으로 확인된 한국인 생존피해자수는 11명이었다(2010년 현재). 한편 조선인에게 지불해야 할 임금, 저축 등 미지급된 미불금이 법무국에 공탁되어 그 명부가 확인된 바 있다. 이 공탁자료에 의하면 아라이구미에 소속된 조선인 16명(경북 안동군 9명, 영주군 7명)의 공탁기록이 확인된다.(상동 진상조사보고서, 15쪽).

에오로시 발전소의 현장을 찾았다. 사진에서 보는 바와 같이 당시의 도수관導水管을 설치했던 장소는 도수관이 철거되어 없고 현재는 그 흔적만이 남아 있다. 과거의 사진과 비교해 보면 당시와 지금의 모습을 비교할 수가 있는데, 조선인에 의해 건설된 발전소는 2005년 9월 30일 다른 장소로 발전소가 이전함에 따라 폐쇄되었다.

[사진IX-11] 강제동원된 조선인에 의해 만들어진 에오로시 발전소. 현재는 폐쇄되어 그 흔적만이 남아 있다.

[사진IX-12] 왼편 문헌에 실린 옛 에오로시 발전소의 모습과 현재 해체된 터의 모습과의 비교

[사진IX-13] 옛 에오로시 발전소 옆에 위치한 추베쓰(忠別)댐의 현재모습

[사진IX-14] 추베쓰 호 중앙으로 이전한 현재의 에오로시 발전소

그런데 예전 에오로시 발전소를 이전하면서 수로를 해체하는 과정에서 나온 돌을 일부 수습하여 히가시카와초 청사 앞 광장에 전시하고 있었다. 청사 앞에 조성된 일종의 모뉴멘트에는 '만남의 문'이라는 제목의 설명문이 붙어 있는데 발전소가 많은 사람들의 고된 노동과 노력으로 만들어진 것을 감사히 여겨 잊지 말자는 내용으로 구성되어 있다.

[사진IX-15] 히가시카와초 청사 앞에 있는 '만남의 문'. 한쪽에는 유래가 적혀진 설명문이 붙어 있다.

[사진IX-16] 반대편의 '만남의 문'. 이쪽에는 구 에오로시 발전소의 사진이 붙어 있다.

홋카이도와 강제동원이라 하면 단연 탄광이 머리에 떠오른다. 히가시카와초와 같이 수력발전소 건설과 유수지 조성은 자주 접하는 사례가 아니다. 더욱이 현지 주민과 지방자치단체가 나서서 강제동원과 강제노동을 규명하고 역사에 기록하고자 하는 움직임도 흔치 않다. 이런 움직임이 결실을 맺어 유수지와 발전소의 고즈넉한 장소에 먼 이국땅에 끌려와 숭고한 목숨을 희생당한 피해자의 넋을 기리고 역사적 사실을 담은 기념비가 세워질 것을 기대해 본다.

곤도 노부오(近藤伸生) 대표의 한마디

제가 '에오로시의 모임'에 참가한 것은 2008년 3월의 모임이 설립될 때부터였습니다. 제 자신은 2007년 3월에 그때까지 살고 있던 아사히카와시에서 히가시카와초로 이사를 왔습니다. 그 때 히가시카와초에 있는 유수지와 에오로시 발전소 건설에 조선인이 동원되었다는 이야기를 들었던 것입니다. 조선인 강제동원이라는 것을 알게 된 것은 슈마리나이 댐 건설에 관한 것과 2006년의 아사지노비행장 발굴운동뿐이었습니다. 아사지노 발굴 시에는 아내도 참가하고 있었고 저도 모금운동을 하고 있었습니다. 히가시카와초에서 친하게 지내는 사람들로부터

히가시카와에 대해 조사하자는 이야기가 나와 그렇다면 조직을 만들자고 의기투합했습니다. 7명의 회원으로 시작하여 제가 대표가 되었습니다. 특히 『当事者が書いた強制連行~北海道・闇に消えた十一人(당사자가 쓴 강제연행 - 홋카이도, 어둠속에 사라진 11명)』(鄭哲仁 저)이라는 책에 상세한 사실이 기록되어 있어서 큰 도움이 되었습니다.

저희들 모임은 널리 일반시민들에게 모임에 참가하기를 호소하는 회원제 조직과는 다르게 출발하였습니다. 각각의 멤버들이 다양한 활동을 하고 있어서 매우 분주했기 때문에 견실한 조직을 만들기 보다는 각자의 능력에 맞게 때때로 과제를 해결하면서 시민들에게 보고하는 형태를 생각하고 있었습니다.

지금까지의 활동을 간단하게 설명하자면 아래와 같습니다.

- 2008년 3월 모임이 발족함. 당면 과제로 히가시카와초의 원로로부터 구술을 청취할 것. 마을에는 당시 상황을 기억하는 사람이 적지 않은데 여러 사정이 겹쳐서 이야기해 주는 사람은 매우 적었음.
- 2009년 3월 한국정부 위원회에 협력을 요청하여 제1회 생존자 조사를 실시. 회원 2명이 방한하여 경북 안동에 사는 생존자 2명으로부터 구술청취를 함. 2명 모두 에오로시 발전소 공사에 동원된 피해자임.
- 2009년 7월 한국정부 위원회 조사관과 합동으로 히가시카와초에서 '일한합동보고회'를 개최함. 마을 내외로 큰 반향을 불러와 모임에 대한 관심이 한층 높아짐. 신문보도를 본 일본인 생존자로부터 정보가 제공됨.
- 2010년 10월 회원 5명과 히가시카와초 직원 1명이 제2회 생존자 조사를 실시함. 경남 하동과 부산에 사는 생존자로부터 구술청취를 함. 두 명 모두 추베쓰카와 유수지 건설에 동원된 피해자임.
- 2011년 2월 회원 5명이 제3회 생존자 조사를 실시함. 경남 울산과 부산에 사는 생존자 2명으로부터 구술청취를 함.
- 2011년 8월 히가시카와초와 모임이 공동으로 실행위원회를 설립하여 당시 동원피해자인 박시영 씨, 박인식 씨 두 가족을 히가시카와초에 초대하여 [한반도와 히가시카와의 역사를 말한다]라는 모임을 개최.
- 2012년 5월 히가시카와초 한국교류협회 주최로 자매도시인 영월군방문단에

- 모임도 함께 참가하였고 부산에 사는 박시영 씨 댁도 방문함.
- 2013년 8월 '2013 여름 동아시아 평화를 위한 공동워크숍 대설산'에 실행위원회 단체로 참가, 에오로시 발전소에 동원되었다가 사망한 후 화장하여 매장되었다는 장소(미에초 추베쓰묘지 터)에서 유골발굴조사를 실시
- 2014년 1월 히가시카와초 의회 기록에서 조선인 노무자의 고유명사로 기재된 과세명부가 발견됨. 2500명 규모의 조선인이 동원된 사실이 입증됨.
- 2014년 11월 회원 6명이 제4회 생존자 조사를 실시. 경남 하동에 사는 생존자 1명으로부터 구술청취함.
- 2014년 12월 히가시카와초와 기타 지역의 단체들과 조선인 강제동원에 대한 기념비 건립에 대해 협의했으나, 조선인 강제동원을 부정하는 우익 활동가의 방해공작으로 협의 사실상 중단.

그 사이 돌아가신 회원도 있고 새로 회원에 참가한 사람도 있어서 변동이 있습니다. 현재 지금까지의 성과를 자료로서 정리하는 일을 준비중입니다. 모임으로서는 당시를 직접 체험하고 보고 들은 사람들이 대부분 돌아가셨다는 상황을 염두에 두고 지금까지의 자료를 분류, 정리하여 히가시카와 지역의 강제동원 실상을 알기 쉽게 하고자 하는 것입니다. 향후 이를 토대로 역사유산으로서의 가치를 우리 지역에서 확인하고자 합니다.

보충하자면 에오로시 발전소 도수로는 약 10킬로 정도를 지금도 사용하고 있고 사용하지 않는 2킬로는 안전을 위해 입구를 봉쇄했지만 내부는 당시 상황 그대로 보존되어 있습니다. 지금으로부터 80년전에 사람의 힘으로 게다가 식민지 조선 지배로 얻은 노동력으로 만든 이 시설은 세계역사유산으로도 손색이 없다고 확신합니다. 히가시카와초는 홋카이도에서도 유수한 쌀 생산지입니다. 이 때 수온 조절은 부가결한데요, 이를 위해 현재도 사용중인 유수지를 조선인과 중국인의 강제동원으로 만들었습니다. 이 점을 역사유산으로서 후세에 전승해야 할 것입니다.

우리들은 '역사'란 풍요로운 미래를 만들기 위한 지혜상자라고 생각합니다. 과거를 돌아보아 배움으로써 우리들은 이웃과 사이좋은 관계를 만들 수 있습니다. 강

제동원 피해의 역사를 배우는 것은 우리들의 미래의 삶과 연결되어 있다고 확신합니다.

현재 일본정부는 특히 조선지배에 대해 과거의 일로 덮어버리려는 움직임이 강합니다. 그 결과 국민들도 과거에서 배우지 못하게 되고 따라서 장래의 일본의 진로를 옳은 방향으로 선택할 수 없는 상태로 만들고 있습니다. 이러한 현실 속에서도 적지 않은 일본인들이 역사로부터 배우려고 노력하고 있다는 점을 잊지 말아 주시기 바랍니다.

곤도 노부오(近藤伸生) 프로필 : 1956년 9월 4일생, 도쿄도(東京都) 오우메(靑梅)시 출신. 홋카이도대학 이학부 양자화학강좌 졸업, 홋카이도 공해방지연구소 보조연구원(1년), ㈜일본전파유스사 보도부 카메라기자, 아메바성 간논양·신장장해로 퇴사, 사법시험 합격 1998년부터 변호사.